平常心是道

你可以不再爲討厭的人煩憂，人際關係的禪意美學

Zen and the Art of Dealing with Difficult People

How to Learn from your Troublesome Buddhas

英國知名禪修老師・跨界弘化
馬克・維斯莫奎特 Mark Westmoquette——著

吳書榆——譯

我要跟大家講，人們總說小孩是父母的鏡子，同樣的，所有和你交會的人也都是你自己的鏡子。所以說，如果你全心付出，盡力溝通，必能得到類似的回應。因此，請你在這一生思考能為別人做什麼，而不是想著別人能為你做什麼。和別人往來時，請努力獻出你的全心，用盡全力去溝通。[1]

——日本天台宗光永覺道禪師

1 Mitsunaga Kakudo (1996), quoted in: Covell, S G, "Learning to Persevere: The Popular Teachings of Tendai Ascetic", *Japanese Journal of Religious Studies*, 2004, 31, 255–287

目次
CONTENTS

PART III 眞正的修行

PART IV 人人皆佛

推薦序

每一位惱人佛，都是你的道場

> 佛以討人厭的面貌出現，祖先自古以來便細細教了我們這件事。
>
> ——瑩山禪師[1]

年輕時我是禪宗僧侶，和別人擠在一起生活，無處可躲。我有七年的時間都生活在佛寺打坐室裡，只有一張坐墊的空間，身邊有二十位僧侶。我們在那裡冥想、睡覺，有時候也在那吃飯。過這種生活的用意，是為了消除讓人分心

---

1 Jiyu-Kennett, PTNH, *Zen is Eternal Life*, Shasta Abbey Press, California, 1999, p.251

的事物。而訓練的過程，就像是把石頭打磨、拋光一樣。畢竟，人際間交流必會顯現自私的一面，但願能彼此消磨砥礪。當中的想法是，我們這些新手進來的時候是粗糙的石頭，出去的時候會變成歷經琢磨的珍寶。但有時候，人的情緒會非常高亢。我人生唯一一次帶著殺意去追逐某個人，就發生在這個時期。在我們這個小世界裡，有很多人自殺未遂，也有一個人真的一去不回。

然而，大部分時候，局面都與前述大不相同。我就看到很多人調適得很好，從這樣的打磨當中，也開始顯現出無私與人性的光輝。修練的本質是清明與覺察，如果能加入慷慨精神、幽默與惻隱之心當成催化劑，轉變的速度會更快。我的師父們常常用日本瑩山禪師的話教導我們，也就是本文一開始引用的那些話（但是比較隨意的翻譯）。

所謂惱人佛，指的是故意踩你地雷的人，他們刺激你讓你神經過敏、發怒、嫉恨、不適，或使你壓抑已久的不滿情緒爆發出來。然而，我們沒辦法用抽象理論處理任何苦痛，唯有覺知到苦痛，才有機會化解。

轉變的關鍵，是要體認到痛苦中藏著的機會。當然，責怪別人、埋怨過去、怪罪體系很簡單，以我個人來說，很多時候我也真的這麼做。我們有可能自責，甚至還會否認這些不值一提的不快感受。

禪修生活的目的，就是要讓人不會長久抱持這些態度。到最後，一切都會變好，所有見習僧侶會開始「點亮心燈」，這表示他們會看到痛苦，並以不批判、不回應的覺知，來安放痛苦。在這種慈悲的覺知當中，受苦的生理、能量、情緒與心智面向會開始放鬆開解，到最後，用心理分析學派的術語來說，可以「重新整合」、與全世界建立起和諧的新關係。

但要是沒有一開始的痛苦，就不會有這些結果。說起來，難搞的人在某一刻還真的是師、是佛。那具體來說，這是一套怎樣的修練？主觀上，過程會讓人覺得很冷酷無情。畢竟，在還沒完全處理好敏感地雷之前，相關的痛苦都會一次又一次出現。人們有可能自然而然認為，所謂充滿性靈的生活，就是要拋下讓人分心的事物，並遠離人性的紛擾與情感起伏。抽離當然是一個選項。不過，舉例來說，釋迦摩尼佛在菩提樹下悟道之後，面臨了一個抉擇：祂可以留下來，享受這趟安靜遁世的旅程所帶來的美好成果，修練成性好寂靜的辟支佛。或者，祂也可以從端坐的地方起身，開始去做度化他人、讓眾生面對自身痛苦的累人任務。世人所知的釋迦摩尼佛，告訴了我們祂怎麼選，慈悲的精神看來超越了個人的利益。

釋迦摩尼佛根據自己早年受到的訓練，大力推廣「僧伽」的概念。僧伽指的是，共同走向修行之道的人。此外，祂定義祂要傳的道是，「人不要再和三千大千世界裡的其他人爭吵不休」。[2]時至今日，僧伽仍將「不和諧」、「分裂」視為一等大事。為何「群我關係」對於修行如此重要？社會親近效應（social proximity effect）說，人是群體動物，本性決定我們一定會花最多時間，和比較像自己的人在一起。在禪宗傳統中，除了注重僧伽裡的彼此增進與支持外，也強調當中的性靈成長潛能，甚至是戲劇性的彼此挑戰。比方說：

> 黃蘗希運禪師要弟子臨濟義玄禪師，送信去溈山。
>
> 當時仰山慧寂禪師在溈山做知客，收到信時問：「這封是黃蘗的信，那你的是哪一封？」

臨濟義玄禪師一掌揮來。

仰山慧寂禪師叫住臨濟義玄禪師說：「夠了，老兄知道了，這樣就好了。」[3]

我們在日本的師父宮前心山禪師，研讀古老的禪宗語錄，意外看到弟子最常在一來一往的交流之下助長開悟，於是發展出一套他命名為「團體參禪」（group sanzen）[4]的互相探問流程。如今我們在禪道（Zenways）也延續他的做法，將其納入我們的「突破入禪」（Breakthrough to Zen）靜修方案中。我相信，一個人能擁有最能激發靈光、最美好的體驗，就是見證轉變的一刻。

然而，人會和別人一起修禪，並不只是因為這是高層次的人類發展。釋迦

---

2 Thanissaro Bhikkhu, tr, *Madhupindika Sutta: The Ball of Honey* (MN 18), 1999, www.accesstoinsight.org/tipitaka/mn/mn.018.than.html

3 Schloegl, I, tr, *The Zen Teaching of Rinzai*, Shambhala, Berkeley, 1975, p.76

4 意思是「大家一起修禪」。更多資訊，請見：Skinner, J D, ed, *The Zen Character: Life, Art and Teachings of Zen Master Shinzan Miyamae*, Zenways Press, London, 2015。

摩尼佛的僧伽團中，有很多展現仁心、愛與智慧的人。祂毫無保留地讚賞這些人，但祂一直到人生的盡頭，都必須付出大量的時間精力，去面對粗暴的支持者、虛假的不當性行為指控，甚至有人居心叵測到指稱祂殺人未遂。祂悟道，但這無法讓祂免於俗世紛擾。如果釋迦摩尼佛是這樣，那這對芸芸眾生來說也成立。不管你的內在修為多深、多能轉化，人生的連續劇還是會在起居坐臥中輪番上演，一輩子不停歇。無論在哪個領域，與你同行的人也不太可能都是完美的旅伴，老師和前輩不可能完美，你自己也不可能完美。

現代人愈來愈以最小單位過生活，在家修行的人很容易就會放棄辛苦的僧伽互動練習，寧願選擇抽離。但這麼做會失去很多。畢竟，如果我們躲掉，就不會碰到惱人佛。一旦對禪修改觀，會發現當中蘊藏著極大潛力。我開始在禪寺之外教授禪學時，就想著要找到方法，讓學生從這股潛力中獲益。

修練場不難找。例如，家庭、職場、朋友群，裡面都有惱人佛。此外，有人要我開發課程，以訓練未來的禪修老師時，我會希望學生能擁有豐富的機會，也從人與人之間彼此砥礪磨練當中學習，這也是我成長的力量。作為僧伽的一員，我們創造的是一間沒有牆的禪寺。這些受訓的禪修老師和我合作（不只一人叫我「那個剝皮人」〔按：其姓氏Skinner意為「剝皮人」〕），同時也要處理他們之間的磨擦與粗魯舉止。

我和馬克．庫倫．維斯莫奎特曾坐下來，暢談禪修。他告訴我，那場對話是這本書的種子。馬克的故事或許也是很好的範例，讓我們見證到有哪些可能。十多年前，出現在我面前的他，是害羞、彆扭的天文物理學家，就連眼神接觸都覺得困難。在痛苦艱辛中長大的他，著迷於抽象的高階科學世界，因為這樣可以和世間痛苦與混亂的社交世界，保持安全距離。但他也很清楚，這樣的抽離並不好，於是默默下定決心要另尋他法。

馬克成為禪道修禪社群的積極成員。他體驗、也見證到許多人際交流的壓力與成長機會，並詳細寫在這本書裡。在此同時，他也非常努力處理家庭與競爭超激烈學術世界裡的惱人佛。

二〇〇九年，他開始去上禪瑜伽師資培訓課程。在訓練當中，馬克第一次感受到身心雙修所產生的能量與祝福，體會到和其他人培養深厚連結的力量。

長期下來，馬克發現自己的人生改變了，他面對、也扭轉了內心的痛苦。現在的他，深深希望能夠更朝向人群，而不願成為遠方孤星。這份心願讓他當起全職的禪修靜坐與瑜伽老師、去醫院當神職人員、帶領囚犯和遊民籌組禪修團體，並且擔任我的助理，和我密切合作。

二〇一〇年，他去日本中部、我師父主持的玉龍寺靜修，成果豐碩。宮前心山禪師在打坐修行期間，四度把我拉到一旁，低聲用英語說了四個詞「Red hair open eye」（紅髮人開眼了）。有著一頭紅髮的馬克，跨過了「見性」的門檻。「見性」是禪宗的用語，意指「認知到自己的本性」。

在接下來一段期間，他逐漸成熟並發展出自己的禪修之道。過程中他也花了一段時間，以禪宗僧侶的身分、靠著化緣遊走於英國的大街小巷。之後，我在二〇一五年任命馬克為禪修老師。

這些年來，馬克在人際方面的信心和風度都有成長。他有能力談戀愛，後來也結了婚。他把對宇宙內、外的探索彙整起來，寫了好幾本書，比方說《給觀星人的正念思考》（*Mindful Thoughts for Stargazers*）以及《正念宇宙》（*The*

Mindful Universe）。他修了十二年的禪，大多數都在喧嚷的僧伽互動中進行。之後，他前往南太平洋的一座偏遠小島靜修兩年，思考修行中重要的人性面向，並寫了這本書。

馬克跟我提到，他很想要強調與表彰禪道修禪社群同好，所做的努力。當中也有很多人，很樂意在本書中分享他們在人際方面的掙扎與學習。

若你也有意修習沉思冥想，除非你是世上少見的隱士可以完全遺世獨立，不然的話，你也得身在惱人佛四處可見的人海裡。若是這樣，這本書就是為你而寫的。你會在這本書裡找到清楚且務實的指引，幫助你把人與人之間的摩擦轉變成黃金。而這能讓你擁抱完整的自己、全部的生命，以及整個宇宙的愛。

但願你一路上能遇見很多佛。

倫敦禪道

朱利安・大山・史金納（Julian Daizan Skinner）

二〇二〇年，釋迦摩尼佛成道日

前言

以禪心智慧，轉化人際煩惱

很多人在生活中都會碰到一些麻煩或很挑釁的人，他們讓人氣到想撞牆，惱火到不行，甚至讓我們起了可怕的念頭。這些人可能是你的同事、樓下鄰居、伴侶或你媽、固定會碰到的人，或是僅有一面之緣者。

語言裡有各式各樣鮮活的說法，來講這些人對我們做的事。比如，「他們踩到了我的地雷」、「他們令我很火大」、「他們快讓我抓狂了」、「他們真的很難搞」、「他們就是故意要惹我」，或者是「我們就是不對盤」。讓人不快的人是怎麼一回事？人又要如何面對這樣的不快，才不會讓問題愈演愈烈、引發更多不快？在本書中，我們會檢視生活中各種難搞人物會出沒的場景，探討禪與正念的教義如何幫上忙。最後，這些教義會告訴我們，如何把最麻煩的人變成最好的老師。我們會學習換個角度，把難搞人物當成美好、獨特的存在，以彰顯你我歸屬的宇宙。也就是說，看到他們的佛性。

以我的經驗來說，人們習慣把「禪」與「極為平靜」、「平常心」、「充滿耐性」與「極簡」畫上等號，期待修禪的人要隨時隨地展現出這些特質。但修禪十餘年後，我可以告訴你，我無法隨時隨地一派沉穩平靜。事實上，連大部分時候都做不到！我可能有一天可以到達這種境界，但就我所知，這並不是禪的重點。禪的要旨，是要找到你的真實本性。一旦你清楚察覺到自己的本質，之後就要學著根據這份體悟過生活。但就算已經走到體悟的境界（隨著我們繼續談下去，我會更詳細解說這部分），永遠都還是會有人讓你惱火，恐怕還會令你全身血液沸騰，氣得七竅生煙。但禪教我們傾聽這些感受，並且開始用不同的態度去理解。

把身心，當成實驗室

這本書，是寫給「希望以更清明的心智與智慧，來面對難纏人事物」的讀者。你或許在不同生活面向，都碰上很多麻煩人物，也可能就只遇到某個特別容易讓人火大的人。或者，你在人生不同的時間點上，一再碰到這類人。你會發現，你的行為中通常有個模式和他們有關，多半會讓你感到痛苦，甚至飽受折磨。但要能成長，唯一的辦法就是面對痛苦，體認自己的感受以及回應，並堅定承諾要終結這個受苦循環。在本書中，我會假設讀者之前並沒有正念或禪學（或者，事實上沒有任何的佛學）基礎，讀本書時也不需要自認是佛教徒或信奉任何信仰。

我記得，我剛開始修禪時，師父要我把修禪當成科學實驗，把身心當成實驗室。還有，雖然禪這套方法已經過幾百年的淬鍊，但還是要靠我自己去尋找成果與結論，沒有標準答案，只有我的答案。當時，我大約二十歲，正在攻讀天文物理學，非常欣賞這門科學的實用取向。我理所當然把頭埋進公式和學習知識當中，有很多年都很難和自己的情緒有連結。如今我才看懂，我之所以選擇這個科目，有部分理由是因為這很理性，著重的焦點距離地球與實際的人生遠到不能再遠，而後者也正是我努力想要逃避的。

我是何人，竟然有資格和你談「如何面對難搞的人？」

在我十三歲時，母親和繼父發生交通意外，繼父不治，母親受傷送醫，全身上下有大面積的一級燒傷。肇事者是一名下了班的警官，一路都在追逐他的朋友，一瞬間的誤判，他的車子削到我媽的車頭，我媽的車因此失控打滑撞進對向車道，迎面撞上另一部車，起火燃燒。為了救我媽一條命，他們截掉了她的雙腿和一隻手臂。而我的親生父親在發生事故的七年前，就已經被逐出家門——我六歲時，我媽發現他一直性侵我和我妹。

在人生中，我要應付的麻煩人物可多了。我的父親和那位下班後害我媽出車禍的警官，是其中兩個特別明顯的例子。因為這些人，我需要花很多年去修練並深入探問，才能來到一個安身之處，讓我能看清楚，過去他們做了哪些可怕的事。現在我可以看得出來，這些人也有自己的傷痛。而他們的所作所為，讓我看到了很多關於我自己、以及人性的事（我會在第四部討論這部分）。我也碰到很多大家也常遇到的麻煩人物：我坐辦公室很多年，清楚記得一、兩個很難相處的同事；我在倫敦通勤很多年，身邊總有讓人厭煩的通勤族；我住過幾處分租房，見過的討人厭室友可多了。我也和某個對象，維持了十年的親密關係（後面那五年已經進入婚姻）。這很棒，但男生在這方面總可以講出一些很棘手的狀況。不過我從中學到很多，也成長很多！

學習如何把人生中的難搞人物，當成我最好的老師，絕對不是什麼快速輕鬆的歷程，我也無法靠一己之力辦到。寫此書時，一些悟道者的智慧讓我受益良多。我和禪修社群中的禪師一起修行十年，和一群很棒的老師練習瑜伽二十年，並花了三年半的時間去看心理治療師，其中，貫穿這些成長經驗的共通元素，就是修習正念。

從根本來說，正念是一種技巧，讓人清楚認知事物、任憑事物以本來的樣貌存在，然後放下。而看清事物的本質之後，便能釐清很多事，這樣的明晰可以給我們必要的資訊，做出明智的抉擇，知道接下來該怎麼辦。面對難搞人物時，這是要培養的關鍵技巧之一。

我不喜歡說我什麼都懂了。用適度的「我不知道」，來面對本書要探討的極具挑戰性問題，是很重要的態度。我還是會因為別人而生氣發怒，無法體認到他們自己也受了苦，以及他們和整個宇宙之間的互依關係。我是一個還在加工過程中的作品，而我們都應該不斷自我雕琢磨練，至死方休。

以無分別的平常心，看見眾生原本一體

但到底要怎樣，才能把麻煩人物看作是自己最好的老師？這聽起來根本是瘋話！且讓我們來看一個很實在的範例。你在停車場裡兜圈子要找停車位，忽

然之間有人切進來擋在你前面，假裝沒有看見你。通常的本能反應（這指的是你不自覺的反應）可能是咆哮、咒罵，然後想著要不要用鑰匙在對方車身上刮條線，以示懲罰。這種人除了讓你知道什麼是不該做的事之外，還可以教你什麼？你要怎麼做，才能認知到他們的良善本性，不覺得對方跟你有什麼區別？這聽起來難度很高（確實不容易），但並非做不到。第一步，是要真心檢視，自己如何解讀這個在停車場碰到的討厭占位鬼。

而你最初的反應可能是憤怒：對方很自私，奪走本來屬於你的東西（停車位），也沒有承認你的存在。他們暗指著你不重要，或者，更糟的是，認為根本沒有你這個人。但其實，這些建構出你最初立場的想法，都出自於你嚴格區分「人」與「我」。不過，一旦能真誠覺察，並敞開心胸，探問自己的感受，那麼，最初的立場一定會開始轉化，變得更廣闊且更包容。首先，我們會認知到，自己的習慣、過去的經驗以及痛苦，引發了那些反應。你可能正在趕時間，或者是接下來要去的地方讓你十分興奮。你可能已經在停車場辛辛苦苦繞了很多圈，開始有點沮喪。對方開的車可能更讓你怒火中燒，因為你對哪種人會開哪種車，本來就心懷偏見。還有，那個位置真的一開始就是「你的」停車位嗎？或許對方確實沒看到你。

以上這些說法，都不代表應該原諒惡意占你車位的人。但簡單自問幾個問題，馬上就能軟化自身立場。所以說，透過檢視本能的行動或思考方式，能指出自己在哪些地方卡住了，以及我們的舊模式和老習慣，會在哪些地方跑出來發威。除此之外，當我們軟化立場，看到的就不只是那些惱人行為，而是背後的那個人：那是一個有特定習慣、經歷以及個人傷痛的人。他們說不定也非常趕，例如：被緊急叫來載生病的家人，或者應徵面試快遲到了。或者，他們可能對人生中的任何事，都懷有戒心，以保護自我。或是，他們的生活環境助長了這種自私行為。我們並不知道事實如何。

然而，在面對惱人的事物時，一旦能放寬立場、開闊視野，就不會反應這麼大。當然，感受還是在，可能跟過去一樣強烈。但我們不會再緊握住情緒不放，也不會據此行動。漸漸的，我們會愈來愈柔軟，甚至開始感謝對方。因為他們點出、並讓我們體悟到：自己出於本能防衛的一面；以及會抱著「人我之別」的分別心，來互動；而且一直覺得是「他們」對「我」做了什麼事，還有「我」應該得到什麼樣的待遇。然而，只要能坦誠面對自己，就有機會接納、軟化、成長與療癒。就像這樣，每一個帶來挑戰的情境、或是每一次遇見的難纏人物，都轉換成機會，讓我們以更高的智慧與慈悲來行事。

此外，智慧、慈悲與感恩的種子也會茁壯，讓你能有新的觀點來看待激怒你、惹你難受的人。一般人在認知上會區分人我，說：「這是我，我的『界線』到這裡，那是你」或者「我是這種人，你是那種人」。這種思考，源自於區分、分別的觀點。但，禪學指出這種固定、分別性的世界觀，只代表了事物的一個面向。

覺醒（或覺悟）的體驗，是一個看到與感受到其他觀點的過程，從中理解到人生是流動、動態、不斷變化的。此時此刻的我們，只是宇宙瞬時間的展現形式。我的禪學師父說：「我們比較不把人視為物質世界裡的物質，而是當成過程世界裡的過程。」我後來想到一個辦法，去理解這兩種觀點：想像一座被雲海包圍的山脈，岩峰從裊裊雲霧中探出頭來。我們看到的是分開的一座座山峰，彼此相隔遙遠，而且看來是常住不變的，就像是「人」與「我」的概念，或牆壁或桌子等物品的定義。但當雲霧散開，我們會看到山頂其實是透過山谷彼此相連，所有的山頭都是整座山脈的一部分，就好比你跟我、牆壁和桌子，一切都彼此有關聯，都是整體當中的不同部分。而且，這些也都不是永恆的，世事多變化（差別是，山的變化速度很緩慢）。

從無分別的觀點出發，激你生氣的人與你的距離，就像你的左手和右手之間的距離。你和對方共同促成了局面。他們跟你一樣，也是宇宙的暫時體現。在禪裡面，從這樣的觀點看到對方，就稱為「看見他們的佛性」。不管你把看到的東西叫做他們的明心、本性還是別的，都不重要，都代表同一件事。他們都是以討人厭的方式出現的佛。

你可以活得不苦惱

本書以正念作為法門，來處理與難搞人物打交道的問題。所謂修習正念，指的是要完整看見、並承認發生的事情，不管什麼事都一樣。因此，要竭盡全力，不去評價好壞，不要去想應該或不應該怎樣，也別去認定那是自己想要或不想要的事物。在正念模式中，基本上我們關心的，並不是引起自己注意的內容：不去管誰說了什麼、為什麼與在哪裡，也不在乎個別情境的發展脈絡。重要的是，我們和發生的事情之間，有什麼關係。因此，我不會手把手教你，如何處理特定案例或情境，但會給你工具，去找到最好的行動方針。然而，如果麻煩人物的行為愈演愈烈，已經到了虐待的地步，我會勸你向外求援，找一個可以幫你對症下藥的人談談（可能是專業人士）。

本書的目的，是要導引你脫離只會不斷抱怨與哀號的局面。抱怨人生與日常發牢騷可以讓人好好發洩一下，但如果只是把注意力（以及能量）放在苦惱上，卻不去思考自己可以做些什麼，那也只不過是在澆灌負面的種子。要是不替抱怨引發的所有挫折與憤怒能量，找到正向、有益與完整的發洩管道，它們必會莫名地出現，甚至帶有毀滅性。

我會告訴你有哪些方法，可以拓展與軟化你的立場、心懷善意，並鼓勵你對自己有更多的洞察，感受你和周遭世界的關係。因此，不管你遇到的是麻煩人物，還是相處起來很輕鬆的人，你可以找到方法，看見他們每一人的本質。

接下來，本書會告訴你……

本書的第一部，要探問一個問題：人生中碰到的麻煩人物，如何能成為我們的老師？而這個過程的基石，是正念與調和。畢竟，如果無法敏銳地覺知自身感受、自己做了什麼，以及他人又有哪些感受，就無望去理解難搞人物，也無法從和他們的相遇當中學到什麼。遇上麻煩人物時，我們會去問，為什麼會發生這種事，也會發現很難調節自己的情緒。調節情緒是一種能力，讓人可以控制自身行為，約束脾氣，並且避免說出、或做出任何會後悔的事。我認為，人會情緒失控，主要有兩個原因：一是威脅反應被啟動（使人心生防衛，並導致觀點變得狹隘），一是隨之而來的情緒混亂（這會讓我們難以承受，完全糾結在一起，以至於模糊了自身觀點）。

要用真誠的覺察與善意，來面對具有挑戰性的人際關係，極為困難。這需要勇氣、耐性和慈悲。我們會談，為何開誠布公面對自己的經驗，是很重要的事。無論你碰到的事有多難熬、多痛苦或多讓人困惑，都不可逃避。說到底，情緒是很重要的使者。如果壓抑或忽略情緒，或者無法充分體認情緒，就會與實際上發生的事脫節。後文會討論，如何喚起調節情緒的能力，包括獨處時、以及有信賴的人陪伴之時。

除了偶爾不小心失去理智抓狂外，每個人在應付與回應人際關係難題時，通常有自己偏好的模式。有些人會發怒，有些人會轉身就走，有些人會努力安撫，讓局面緩和下來，以避免可能的衝突。因此，遇見麻煩人物時，也是人們最能從中學習之時，得以意識到自己通常會有的態度與習慣。討論這些行為特質時，我會介紹一些範例、並引用禪宗公案（如精神層面的探問與故事），這些有助於指點迷津，了解自己卡在哪裡、又可以做些什麼來解放自己。

最後，要探討慈悲的重要性。當我們開始看到、體認到自己如何對待麻煩人物，過去的經驗與苦痛又如何助長了自身反應，此時很重要的是，要對自己慈悲，就像要慈悲待人一樣。

第二部裡，會講到很多具有啟發性的故事。像是大家在不同的生活面向，如何與麻煩人物相處，讓我們能從他們的經驗中深刻學習。書中要檢視的範例來自各方，包括職場、友誼圈，有同居伴侶、夫妻與其他家庭成員，有鄰居與室友，也有廣泛的同路同行人。我們也會去看所謂的「榜樣」與老師（尤其是性靈導師）如何成為惱人佛，以及這如何讓我們照見自己。

第三部的重點，放在那些傷你最深的人，如施虐者、或讓你遭受椎心苦痛的人，並學會面對他們。我會介紹幾個我人生中的「妖魔鬼怪」，並說明我如何透過檢視和他們的關係，更深入了解自我。我們也會研究另一個麻煩人物：自我。本書雖然本來就是以「自我」及「如何理解自己是誰」為核心，但在該章節，我會再多談一些不同的面向。

不管是多麼難纏、挑釁或惡意的人，任何人都不會是獨自存在、不問世事的個體。每個人都是宇宙的不同面向，就像海裡的波浪一樣，是動態且彼此相連的。而第四部就要探討這一點。所謂看見別人的本性或佛性，指的是認知到，眾生都是宇宙的體現形式，而每一個人都有可能醒悟到這一點。然而，只有「認知」並不夠。我們要探索的最後一部分，是要了解如何在體悟之後，也有所行動。也就是說，能自然體認到，麻煩人物也有自己的傷痛與內在的佛性，然後好好面對他們。

PART I

覺察

第 1 章

正念與調和

我現在要說清楚，這本書不是要教你，如何讓難搞的人從生活中消失。畢竟，不管開悟到什麼程度，總會有人讓你抓狂、故意惹你。而這本書也不是在講，怎麼忍耐這些煩人精，把自己變成天地萬物出氣的對象，放任他人傷害你之後揚長而去。這是對自己的不慈悲，對其他人來說也不慈悲。本書要講的是，如何透過生命中的麻煩人物，看見「自己」還有哪些發展、成長的空間。而第一部分特別把重點放在，在碰上討厭鬼時，如何藉此照見自己，發現心中的陰影和痛苦，了解自己總是習於以特定方式做事情，或是處事上總有莫名的堅持。更清楚理解這些事之後，就能用更大的智慧，來面對讓人傷腦筋的人。

假設你在海裡航行，目的地是某個港口。但如果不確定自己身在何方，那麼，走哪條路都無所謂了。反正你永遠也到不了那座港口。因此，最重要的第一步，是找出你身在何方。同理，講到如何平安度過惱人關係的暴風雨海面，正念是關鍵技能，讓我們可以定出自己目前的位置。而正念代表，你要刻意地去體察當下正在發生的事。我們要去注意感官、身體姿態、想法、記憶與概念，這是找出自己身在人生地圖上哪個地方的辦法。唯有靠著定位，才能做出周延的決策，找出接下來要往哪個方向去。

同樣重要的，是要**如何**才能認知到，自己覺察到什麼。也就是說，要怎樣才能在地圖上畫出自身位置。我們當然可以化身成監視器，用抽離、冷酷與批判性的眼光，來覺知注意到的事。然而，因為做了很多的批判，這種覺知很容易放大關係裡讓人不快的成分。反之，我們可以用具體、溫暖且慈悲的觀點，來面對找到的東西。這表示你的態度要友善、溫和且開放，盡量不要去批判注意到的事情是好是壞。或者說，在注意到的當下，也不要想著「但願實際情況並非如此」。這種帶著關懷的覺察，叫做自我調和（self-attunement），就好像你坐下來，環抱著自己，同步去感受自己的感覺。在練習正念時，我們還真的會這樣做。

情緒上的痛苦與緊張會留在身體裡，因此，在教導正念時，會大力強調要把覺察帶到內在體驗的生理面向：去注意身體的位置與姿態，以及體內的感官。這極為重要。畢竟，如果想要從任何棘手的關係中理出個頭緒，必須明白自己的身體，理解身體如何看待與回應這個世界。

每個人不用學都可以偶爾做到正念，但正念是可以刻意培養出來的技能。只要多加練習，就可以更常做到正念。我剛開始學禪打坐冥想時，幾乎沒辦法把專注力放在簡單、不帶威脅的事物上，像是我的呼吸，沒幾秒就分神。如果是其他會讓人情緒高漲的事物，例如，當我對某個人發脾氣時，會湧出的各種深淺不一複雜感受，那更不用說了。所以，需要慢慢累積功力，才能在情境白熱化、或是情緒化時，持續做到正念。正因如此，最好是一開始就在比較舒適（或者至少是中性）的情境當中，培養慈悲覺察的能力。

而起初練習正念時，要先放鬆身體的姿勢，找一個安靜且沒有任何威脅性的地方，並盡量減少讓人分心的東西。接著，刻意密切地關注當下正在發生的事。務必養成不批判、要坦誠的習慣。話說回來，一旦遠離麻煩人物或情緒刺激，通常都可以做到這兩點。現在讓我們來做個簡單的練習。如果你平常沒有正念習慣，我會建議你每天都練習，培養如實覺察、專注、耐心與仁慈的能力。

正念練習，讓身心覺察又放鬆

請舒服地坐下，挺直身軀。拉長你的脊椎，保持平衡、一致，下巴稍微收進來一點，把後頸拉長。請把注意力放在這些字眼上。鬆開臉部與肩膀的緊張，放鬆你的肚子。

開始把注意力往內收。做這項練習時，你可能會注意到一些不太愉快的感覺，可能是痛苦、不適、彆扭、沉重、受限或混亂。不管是什麼，只需要盡力去注意就好，不用去判斷那是好還是壞、是你要的還是你不要的。這不一定很容易就能做到，但請盡力而為。

首先，把注意力帶到頭部，去關注頭的重量，有沒有偏向哪一邊？這沒有什麼對錯，你只要去關注就好。你的頭裡面有什麼感覺？很緊縮還是很空曠？很沉重還是很輕盈？你的前額有什麼感覺？你的眼皮、兩頰、下巴、嘴唇、上下顎有什麼感覺？如果覺得很緊繃或悶悶的，沒有關係，維持現狀、並注意有沒有出現任何變化就好。如果你沒什麼感覺、甚至完全感受不到，也沒問題。

如果你發現自己在想像身體器官，請先放下這些想法，試著從內心去感受這些部位。

要是你分了心（比方說你往後讀了，或是想到別的事），不用擔心，把注意力再轉回到身體上，然後繼續。

注意你的肩膀。有什麼感覺？你的肩膀是緊繃還是很放鬆？是聳起還是放下？左肩和右肩感覺有沒有不一樣？同樣的，不管如何，都沒問題，你只要注意就好。

去覺察你的胸口……你的肩胛……你的脊椎，脊椎的形狀和曲線是怎樣的……你的下背。

關注你肚子的感覺。花點時間，不要匆匆瞥過這些字眼，你要真正去感受肚子的內部。有時候你會有很強烈的感覺，有時候則沒這麼明顯。有時感覺很微妙，你要多花一點時間才能注意到。

去注意你的雙臂，手肘的彎曲角度……關注你的手部，你的手放在哪裡、摸到了什麼，留意接觸到的溫度、力道、手指的彎曲、你握住書頁的姿勢。

覺察你的臀部和骨盆，以及所有深層的肌肉和組織。注意你的大腿……膝蓋……小腿……腳踝、雙腳和腳趾。如果你穿著襪子以及／或者鞋子，你有什麼感覺？

現在，看看你能不能擴大注意力的範疇，包含你的全身。整體而言，你覺得輕盈，還是沉重？很溫暖，還是有點冷？很緊張，還是很放鬆？請記住，這沒有什麼對錯、應該或不應該，不管你從身體上感受到什麼，當下此時，都是你的經驗。請你竭盡所能，讓這些感受維持原樣。

現在，請好好深呼吸。如果你想的話，也可以做個伸展。

第 2 章

面對難搞魔人，人為何總會情緒失控？

要更有智慧地面對難搞人物，得先理解自己的身體在這類人際互動上，會有何反應。如果處於一般、不棘手的狀況，人的情緒通常是穩定、可以控制的：我們能保持平常心、感到踏實安穩，有能力（自覺或不自覺地）管理情緒對行為的影響。因此，可以用社會能接受的方式，來展現、停止或緩和情緒性反應，不會引發壓力或恐懼。然而，人很容易在碰到麻煩的人事物時情緒失控，踏實、安穩的感覺消失於無形，就愈來愈無法控制自己的行為。而出現這種狀況時，我們就更容易做出不當之舉，言行舉止與自身核心價值背道而馳，甚至日後感到後悔莫及。因此，如果希望能明智地面對不好伺候的人，那麼，很重要的是，要去探究為何在火藥味濃厚的情況下，難以自制，無法掌控不斷高漲的情緒。

大腦永遠都在問，「我會不會受傷？」

人的無意識大腦有一項功能，是能評估在面對特定人事物時，會遭受多大的威脅。這種對危險的評估感應稱為「神經覺」（neuroception）。而發明這個詞的人，是壓力與創傷領域的先驅之一史蒂芬・波吉斯博士（Dr Stephen Porges）。[1]波吉斯很謹慎地指出，整個神經覺系統的運作，是不受意識覺知所控制的，但是深受過往經驗與信念制約（也就是受到影響的意思）。大腦的神經覺迴路，會接收感官提供的所有資訊，從中判斷某個狀況或人，是很安全、很危險，還是會造成生命威脅。當大腦判定很安全，我們會覺得一切都在掌控之中，可以自在地與人交流。要是大腦認定有危險，神經覺系統可能會動員身體，啟動我們所知的「戰或逃」反應（這種反應的特徵，是腎上腺素大爆發、肌肉繃緊、注意力集中在很狹隘的地方）。有一句常有人講的話叫「我氣到頭

---

1 Porges, S W, *The Polyvagal Theory: Neurophysiological Foundations of Emotions, Attachment, Communication, and Self-regulation*, W W Norton & Company., New York, 2011

頂冒煙」，這句話很不可思議，大致上還真說中了神經系統會有的狀況。當大腦裡負責處理情緒威脅反應的部分（位於大腦中間的邊緣系統），凌駕於負責自省、理性思考，與做出深思熟慮決策的腦區（在腦部的前方和上方，你可以稱之為頭頂），我們也因此失調。萬一出現最嚴重的威脅（也就是大腦認知到的攸關性命情境），大腦會關機或「定住不動」（特色是身體動彈不得，心智斷線或是一片空白，就像是怯場時的反應）。這些都是長期演化下來，嵌入人體系統的反應，因為這些反應很有效，可以救我們的命。但是，在這個複雜的社會裡，人求的不只是生存。

想像以下的情境：你在一條繁忙的街道上騎著腳踏車，前方不遠處，有人把車停下並打開車門。看到這一幕，你的身體啟動了「戰或逃」的反應：心跳和血壓都會衝高，肌肉充血，心思完全集中在一件事上，因為你要奮力轉向才不會撞上去。髒話像連珠炮一樣從你嘴裡冒出來，這些都是你覺得自己不會講的話，因為實在太冒犯人了。開車門的人也怒罵咆哮回敬你。再來，你掄起拳頭，想著要跳下單車，給對方應得的教訓。在這個想像出來的情境中，一開始的「戰或逃」反應，確實是針對實質威脅的對策，而且很有可能救了你的命。但接下來發生的事，會決定你是能安全到家，還是會因為攻擊司機而遭逮捕。

很重要的是，要知道每個人都有神經覺迴路，會用相似的反應，來處理任何**認知上**的威脅，不管那是來自外在世界（比方說停在路邊的車開啟車門）或內在世界（例如認為某個人不喜歡你）。當有人私下取笑你犯的錯，你的身體可能很快就會進入「戰或逃」模式，因為大腦會把別人的笑聲視為攻擊，但不是襲擊你的身體，而是打擊你的認同感或自尊。想到難搞的人時，理解這一點很重要。大腦有偵測威脅的迴路，永遠都在問：「我會不會受傷？生理面、情緒面還是存在本身，會不會有危險？」

我記得我大二時要考量子力學，那時我真的倍感壓力。雖然我攻讀物理，但數學從來不是我的強項。隨著考試日漸逼近，我愈來愈神經質跟緊繃。我的大腦認知到威脅，這一次攸關自我認知。大腦看到我面臨要受人評價的一般性威脅，以及考試考壞的明確威脅，因此觸發了相關機制，讓我的「戰或逃」系統稍微動了起來。我還記得，我的心裡不由自主地跑起災難跑馬燈。比方說，考試時我努力想要作答，卻什麼也想不起來。這樣的想法，更是強化了我身體的「戰或逃」反應，嚴重到當我進入考場坐下來、監考老師要我們把考卷翻過來開始寫時，我發現桌子上有一滴血，那是我的鼻血。血滴很快就變成了血流，我也被帶了出去。我離開之前，連考試卷都沒有瞄到！

有時候，神經覺認知到某種威脅，但認為我們無法戰也無法逃，就不會觸發「戰或逃」（動員）反應。反之，此時神經系統更有可能要身體進入「關閉」狀態（定住不動）。有一次，我和一群不太熟的人開會。在過去某些場合中，我就發現他們在搞小團體，很難相處。當時，我針對某個問題提出建議，其中有人笑了，彷彿我是在講笑話，之後還說了一些很目中無人的言論。我馬上就感受到自己的生理和情緒都在抽離，有點像蝸牛碰到障礙時，縮回牠們的觸角。我感覺到自己又更縮進椅子裡，之後整場會議都默不作聲。

無論面對何種嚇人情境，要確保我們的所作所為能將傷害降到最低，並展現出最大善意，第一步都是要覺察自己的感受與情緒。這樣做的用意，不是要去改變自身感受（當下根本做不到），而是要調節、或是刻意控制接下來發生的事。不這麼做，人的基本生存本能就會跳出來主導，甚至挑動各式各樣被威脅觸發的不明智反應。因此，我們要竭盡全力，以開放好奇的態度，來面對自己當下的感覺。這樣的覺察，可以為有意識的心智提供資訊，進而理性決定出我們應如何行動。基本上，這表示把本能性的反應，變成思考後的回應。而我們愈是能覺察，就愈能明智回應。

那麼，如何訓練自己，在激動時仍能維持敏銳的覺察？首先，要在安穩、沒有威脅的環境下，以正念觀心，而且要定期練習。記住，練習、練習、再練習！接下來，要把從中得到的體悟，應用到不好也不壞的情境，然後慢慢套用到讓人不自在的狀況。我們需要能持續、自然而然且不帶批判的覺察，而這是可以循序漸進養成的。

濃烈情緒的背後

有時候，情緒激昂時，把注意力轉向內心就會發現，一大堆情緒亂成一團，還可能彼此衝突，甚至讓你很痛苦。有些情緒和想法恐怕讓你承受不住，似乎還以某種惡性循環助長彼此。這樣的狀態會讓人覺得很可怕、很困惑，甚至感到根本無法解開糾結。像這樣情緒失調時，人很容易破口大罵，或做出日後會後悔的事。

而以正念來看這樣的糾結，意指我們要覺察、並容許所有亂七八糟的感受存在，不要去想哪個是對的、哪個是錯的，也不用管你應該有哪種感覺、不該有哪種。當然，很激動時不容易做到這一點，這需要力量和大量的善意。你要知道，你現在什麼都不用做，不用去管情緒糾結，只要去覺察體內那些混亂澎湃的感覺是什麼，並給它們空間（在那個當下盡你所能就好）。

有時候，強烈的感覺會讓我們盲目，感受不到其他更細微的感官體驗與訊號。這就好比是吃一盤很辣的咖哩時，嘗不出其他味道。或者是，音響放音樂的聲音太大時，要很費力才能聽到時鐘的滴答聲。可是，比較難以察覺的感受可能會告訴我們重要的事，只是被淹沒了。

讓我們來舉個例子，說明這是什麼意思。你去參加一場派對，在跟一個之前不認識的人聊天。你們聊得很愉快，但每一次對方笑的時候，都會讓你惱火。過不了多久，你就找藉口離開了。之後，對於自己就這樣轉身走開，你覺得很不好受，因為對方人很好。如果從一個有覺察習慣者的觀點，來看這個範例，就可以看懂到底發生什麼事。你覺得聊得很愉快，但每一次對方笑的時候，你都會胃一緊、有點想吐，還會咬緊牙根。你察覺到自己有股離開的衝動，但你自問除了這股明顯可見的感受之外，還有什麼。你有沒有其他更隱微、細緻的感受？你開始明白，對方笑起來的樣子，讓你想起前任，幾年前你們分得很難看。這段（原本在潛意識裡的）記憶引發了強烈的感受，蓋過了與人互動與對話時的平和心緒。明白這一點之後，你會發現，對方笑起來的樣子，再也無法對你造成如此強烈的衝擊，你也能全心全意與對方聊下去。

有時候，你可能要等到日後（尤其是開始練習正念時）才明白，濃烈的情緒之下，潛藏著更幽微的感受。幾年前我接受心理治療，我記得心理師問我，如果我媽媽在我們每週通電話時，忘了問候我的狀況，我有什麼感覺。我一向都希望她能問問我好不好，要是她沒問，我會很沮喪。但除此之外，我說不清自己還有什麼感覺。然而，隨著我更頻繁地練習傾聽身體的訊息，就愈快能在打完電話之後，注意到我很沮喪，然後繼續問自己還有什麼感覺。我覺得沒人關心我，這讓我的胸口很緊，很渴望局面有所不同。慢慢的，我可以愈來愈快有所覺察，到後來，更能覺知到兩人講電話時，所有隱藏在底層的感受，以及談話的方向。之後，我可以跟我媽講這件事。我們也因此有了機會，開始去聊母子之間到底怎麼了。

與情緒合而為一

如果持續以坦誠和接納的態度，去檢視內心，你很可能會發覺自己抗拒、或不願意面對自身感受。這有可能是因為，承認自己的感受會讓你受不了，或者會像是打開潘朵拉的盒子。

我們來看另一個範例：奧斯卡經常和媽媽碰面。即便他早已成年，但只要和媽媽在一起，她就會把他當小孩，不停地嘮叨。她叫他站要有站相、不要浪費錢去度豪華假期，而且三不五時就問他「什麼時候要找個人定下來」。他不知道這些不痛不癢的話，是會持續發酵的。他只注意到，每一次聊完之後，自己都會發脾氣，但他又覺得對這種家常閒聊，實在不必有這麼大的反應。然而，當他認為他不應該這麼生氣時，也代表他不願意接納自己的全部感覺。而且，事實上，他是在壓抑這些感覺。

這裡有另一個例子：凱特和一位女同事的關係相當緊張，相處起來很彆扭。一方面，她知道自己其實想要多了解這位同事，但另一方面，她又對這樣做有很強烈的抗拒感。然而，凱特內心深處知道，自己是喜歡對方的。但她不願承認自己可能是同性戀，並為自己的感覺感到羞愧，也因此，她不願意如實體認到底發生了什麼事。

處於這些情境時，要做到正念，第一步就是不管有什麼感受（無論感到多麼意外、不悅或痛苦），都要盡全力敞開心胸去接納。你喜不喜歡那些感覺並不重要，就算你覺得它們很瘋狂、太誇張，或者是好／壞的，也都沒關係，那就是你的感覺。無論你多努力，當下都無法改變那些感受。話說回來，願意面對自己的所有感受，需要很大的勇氣，還要加上大量的善意與坦誠。我不會低估這件事的困難性與要費的力氣。所以，要是你在正視自己所有的感受上，也力不從心，請溫柔地對待自己。你最需要做的，就是抱持善意。

如果你發現了未曾體認到的情緒，很重要的是，要讓這些情緒完全展現出來、並能安然抒發。我們在禪修時會研究的「公案」，可以在這一步派上用場。在日文裡，「公案」字面上指的是「案例」或「前例」。公案常常看起來是無稽的詞彙、故事或情境範例，但讓當事人幡然醒悟。這些都是過去發生的事，我們現在拿來研究。公案表面上看起來很讓人困惑，或者是沒有邏輯，但目的是破除大家對世界習以為常的看法，刺激我們改變認知。

我們來看一段中國哲人孔子的開示：「德不孤，必有鄰。」[2]在這段文字中，孔子用「孤單」的情緒來舉例。他告訴我們，身為有德行的人，就算你覺得很孤單，你也應該竭盡全力，不要因此躊躇不前，也不要心生抗拒，不願意展現美德。你應該讓自己完全接受這種孤單感。孤單會在你的心裡，找到自己的表現方式，可能是哽咽，可能是重重跌進椅子裡。不管怎樣，你會和孤單的感受合而為一。這裡的重點是，沒有一個覺得「孤單」的「你」，只有孤單。孤單或許讓人覺得不舒服，但那就是當下的你。當你和孤單的感覺合而為一，你也和宇宙合而為一。如果你是宇宙裡的一分子，和全世界的每個人以及宇宙裡的其他世界在一起，你又如何會孤單？因此，就像孔子說的，德不孤，必有鄰。同理也適用在任何一種情緒上。因此，一旦我們能好好去感受情緒，如實面對、接納與表達出來，就可以完全**成為**那種情緒。此時，我們和宇宙就再無分別，我們**就是**宇宙的意識。

2 *Analects* 4.25

我要針對這則開示語錄，提兩條我們應該知道的重要但書。

首先，不管你的情緒是什麼，很重要的是，要以不會造成傷害的方式來表達。舉例來說，正式出家的人要受戒（「戒」指的是一套修持正法生活的指引，包括不可殺生、不可偷盜、不可打誑語等等戒律）。這些指引相當於設下一道安全線，讓人能表達情緒，又確保不會造成傷害。但我們不用為了要培養這樣的心念而受戒，只需要把目標放在「抒發情緒時，不可造成傷害」。

其次，同樣重要的是，如實去感受情緒時，不可依附在情緒上。情緒只是人生的過客，就像萬事萬物一樣，來來去去。一旦執著於情緒，或是用任何方式留住情緒不放，不管是對自己或別人都不好。這裡要講的，不是去吞忍難受的情緒，也不是要承受他人不當、或惡意行為的踐踏，而是說要學著如實體察到自己的情緒，讓它出現，再好好抒發出來（同時，努力不可造成傷害）。等到時機成熟，也要放手讓情緒消退，不可以當成同樣的情緒一直都在，緊緊抓住不放。

你有方法，重拾一念安定

就像之前提過的，當我們注意到，自己面對麻煩人物時會失控，很重要的第一步，就是要先覺察自己有哪些感覺。比方說，感到氣力勃發、肌肉緊繃，或有想要動手或說話的衝動。接下來，請敞開心胸，如實體認自己的情緒。尤其，事情愈演愈烈或是情緒高漲時，更不容易冷靜自制，需要多多練習、累積功力，才能達到這個境界。畢竟，要讓噴發的情緒穩定下來很難。就算你只希望提早一步、不要讓情緒如火山爆發不可收拾，都不容易。更難的是，身在讓人頭疼的互動當下，還要記得把注意力拉回來，觀照內在。那麼，要怎麼樣才能回歸平常心、覺知與冷靜自制？有兩個辦法：一是靠自己，二是靠別人幫忙。

某些時候，我們會覺得需要遠離紛擾：離開某些人、拉開某些距離，與躲進比較清靜的地方。而安靜下來，或許會發現心更能定下，然後去思考到底發生什麼事。畢竟，「戰或逃」反應所引發的效果之一，是人會把注意力限縮在比較狹隘的範疇。大腦把重點放在生存，也因此，人的思維變得很片面，創意也大減。所以，如果你可以找到一個安靜的空間，請想辦法退一步看看全貌，並去覺察身體的訊息。畢竟，保持平常心，視野會更廣闊。為了更好地調適身心，做點事安撫自己會有用。比方說，坐下來喝杯可口的熱飲，或是泡個澡（當然，我們也要留心，做這些並不是只為了分散注意力）。

根據狀況不同，有時如果有他人幫忙，或許能調適得更好。當然，就算有值得信任或可靠的人陪伴，當我們和難搞人物互動時，可能仍會覺得失控。但如果相伴的人更沉著自制，那麼，就能從他們身上得到力量，快速從高漲的情緒狀態中冷靜下來。人跟其他動物一樣，都傾向於社會化。透過所謂的「社交神經系統」（social engagement system），人的情緒狀態就像一塊磁鐵般，能引起別人產生同樣的情緒。[3]舉個例子，假設你在公司開會，和同事一起坐在會議室裡，等著主管過來發表簡報。主管走進來時明顯很緊張，行動倉促，看得出來壓力很大。不到幾分鐘，會議室裡的每個人也開始覺得緊張焦慮，因為大家都受到了主管情緒不穩的影響。但有一點很重要，那就是狀況也有可能完全相反。讓我們反過來看這個例子：你是要進入會議室發表簡報的主管，但在這之前，你手下一位資深經理行為不當，你必須訓斥他，甚至到了差一點開除他的地步。你覺得充滿火藥味，整個人分崩離析。你環顧會議室，很幸運地和第二排的某個人四目相接，他從容地坐著，臉上的表情溫柔和善。在這個時候，和一個情緒十分穩定的人有所交集，可以幫助你冷靜下來，重拾一念安定。

年紀小的孩子都只有第二種方法可用，得仰賴他人幫忙，以安頓身心。這是因為，他們的威脅偵測迴路還沒發展成熟，也不懂該如何調整或掌控自身行為。我有一個朋友是小學老師，她說在教室裡一天到晚看到這種事。如果教室裡突然發出巨大噪音，或是有別人意外進到教室裡，孩子們就會豎起耳朵，迅速轉身找她。萬一看不到她，他們會開始騷動。但要是他們轉過來時，看到一張冷靜的臉龐和中性的肢體語言，他們就知道沒有危險，覺得很安心。

3 更多關於社交神經系統的資訊，請見：Porges, *The Polyvagal Theory*。

當身邊的人失控，怎麼辦？

學著理解自我，知道自己怎麼應付麻煩人物，可以給我們很多有益的工具，當身邊有人因為碰上難搞的人而苦苦掙扎時，就可以派上用場。當你看到有人在讓人頭疼的人際交流中逐步失控，身為朋友（你可能是前文提到的那種值得信任與可靠的朋友），你能做的最好的事，就是穩住自己。然而，之前也講過，情緒有高度的渲染力，我們很容易接收（吸附）他人的情緒。我上過一些超棒的瑜伽課，就是由顯然非常穩定、身心調適良好的老師帶領的課程。我去上課之前，可能先搭了火車、剛剛下班或去店裡採購，覺得渾身不安。我意識到，我的心裡不斷在反芻當天發生的事，或是擔心還有哪些事要辦。然而，當我看到與感受到老師處於調和狀態，外表、行動都散發著冷靜穩定的氣息，我的身體也不由自主跟著應和，開始安下心來。

當身邊的人失控（比方說，恐慌症發作），你也很難保持平常心，也因此，如果你懂一些小訣竅的話，會很有幫助。而最首要的，就是要確認你養成了正念的習慣。如果在平日生活中就已經有了敏銳度和覺察力，就能享有更多的優勢，提早察覺到某些信號，知道自己正離身心安頓的狀態愈來愈遠，這讓你可以更早開始調整行為。人類天生就有社交神經系統，設計上本來就是讓人能敏銳察覺到別人的表情、語調和肢體語言。因此，若要平復對方偵測威脅的神經系統，請盡量不帶敵意、令人安心。你可以讓表情變柔和（刻意放鬆前額和下巴），用冷靜中性的語調，搭配自然的抑揚頓挫（跟你平常講話一樣，有高低起伏）讓對方放心，並且用簡單的短句講話。同時，全身放鬆（例如，不要交叉雙臂與雙腿，鬆開雙手），採用穩定、自然的呼吸節奏。你可以說，這是刻意調整自己、以配合對方，幫助他們穩定冷靜下來。然而，當別人發現你能穩住自己，反而會被你的情緒感染，而不是顛倒過來。全世界的「精神健康急救」課程（Mental Health First Aid）都會教授這些內容，無論是氣到頭頂冒煙，還是無法控制自己，各種情況下都很受用。

最後，很重要的是要體認到，調節情緒需要耗用大量的心智資源。要很專注才能持續覺察；要有一定程度的警覺，才能拿掉自己的批判；要有強大的心念，才能在感到憤怒或他人舉止輕率時，仍能保有善意。這表示，當身心要應付各種要求，如工作負擔或時間壓力時，特別難以調解好情緒。舉個例子，最近朋友告訴我，她發現，晚上下班後，特別難以和她那位迂腐老派的父親講電話，因為她的心裡還被白天工作的壓力和責任占據著。她覺得，週末放鬆時比較容易對話。所以說，在壓力比較大的時候，很重要的是要多給自己一點餘裕，有可能的話，盡量避開特別棘手的狀況。

第 3 章

你的行為中，有多少貪嗔痴？

到目前為止，我們檢視了幾個面向，透過讓人心煩的互動，明白自己為何會頓時情緒失控（因此更有可能說出日後會後悔的話，或做出會懊悔的事）。現在，就來探索那些棘手的人事物，如何映射出我們整體的行為及思考模式、習慣與態度。

從佛教徒的觀點，看依附行為

依附理論（attachment theory）[1]的發展已經有六十餘年。它給了我們很有用的視角，去理解為何在人際互動上，會發展出某些情緒與行為模式。簡單來說，這套理論指出，嬰兒與主要照護者（例如父母），會建立起不同類型的關係，表現出來的特性也不一樣，從而決定我們與他人的心理連結方式。這套理論說，如果照護者隨時都在、會回應嬰兒的需求，而且相當可靠，那嬰兒就會建立起「安全型依附模式」（secure attachment pattern）。一旦孩子有了「安全堡壘」，相當於擁有探索世界的基地，孩子知道他永遠都可以回到一個安全、且可提供滋養的環境。而理論也指出，如果照護者沒辦法給予關愛和照護、或是比較不可靠，情況就會大不相同。

舉例來說，如果嬰兒發現，若要滿足需求、並獲得充分且穩定的照料，絕對不能對照護者要求太多（這可能是因為照護者通常還有別的事，或是必須去別的地方），或者他們對於親密接觸的要求經常被拒，那麼，他們可能學會抽離（理論中稱為「疏離／逃避型依附模式」〔dismissive/avoidant attachment pattern〕）。然而，他們也有可能表現出完全相反的行為：變成高需求寶寶（建立起「焦慮型依附模式」〔anxious attachment pattern〕）。當這樣的孩子長大後，潛意識中仍會活在小時候的模式裡，認為基本上沒有人會滿足他們的需求。另一方面，學會抽離的小孩，長大之後很難信任別人，也不會服從權威人

1 Bowlby, J, “The nature of the child’s tie to his mother”, *International Journal of Psychoanalysis*, 1958, 39, 350–373; Hazan, C and Shaver, P, “Romantic love conceptualized as an attachment process”, *Journal of Personality and Social Psychology*, 1987, 52, 511–524

士。他們可能會否認親密關係的重要性，自認是獨行俠。而在焦慮型依附模式下長大的孩子，則會竭盡全力攀住他們愛的人，很可能被權威型的人吸引。

或者，如果照顧者有時在孩子身旁展現慈愛、有時候又不見人影，甚至讓孩子覺得害怕，或對孩子施暴，孩子最終可能會發展出「矛盾型」（ambivalent）或「紊亂型」（disorganised）依附。這樣的孩子也許會認為，照護者不見蹤影或讓人害怕，都是因為他們犯了錯。長大後，他們可能會不斷自我懷疑，也對人際關係存疑。他們或許渴望安全感與親密，但又害怕他們親近的人會拋下自己。或者，他們會想盡辦法爭取注意力和愛意，但是不願回報。在最極端的情況下，他們會處於一種混亂的狀態中，整個人很火爆。而這樣的人也很可能陷入毀滅性、或有害的人際關係，因為當中的依附模式，很像他們小時候經歷過的，因此是可以預測的互動關係。這真是讓人難過。在這種情況下，畫出合理界線、能提供支持的人際關係，就算實際上能為關係裡的每個人，提供更多的養分與安全感，但仍會讓他們覺得不正常、不可知。

依附理論給了我們一個方向，去理解孩子**如何**根據自己被養大的方式，採取某些行為模式。然而，在正念這套方法裡，我們並不在乎事情為什麼會這樣，原因何在。正念的重心，是要在當下看清楚事物本來的面貌，並且接受事實。此外，人在小時候本能上就會採用的防禦性策略，不見得能直接對應到長大後的行為模式。[2]所以，我會從有點不同的角度，透過佛教徒的觀點，來檢視成人的行為模式。

講到應付難搞的人事物，每個成年人都會有偏好、或預設的行為模式（無論是什麼造就的）。但我的意思並不是說，人每一次一定會用同樣的方法，而是說這是一種典型的慣性。我會把這些行事風格分成三類：「拉力型」（forces of pull）、「推力型」（forces of push）和「愚痴／無明的力量」（forces of delusion/ignorance）。在面對麻煩人物時，「拉力型」的人的行為，是出於渴望、想要或需要大量的注意跟關愛。而「推力型」的人，通常會表現出憤怒，或避免落入不樂見的情境（這兩種都是「推開」，差別在於推開的是感受還是

2 如有意了解更多相關資訊，我推薦以下這本深富洞見的書籍：Miller, A, *The Drama of the Gifted Child: The Search for the True Self*, Basic Books, New York 1997。

人）。至於「愚痴型」的人，則會根據自認正確、但實際上是錯誤的認知或理解行事。佛說，貪嗔痴是人煩惱和痛苦的三大根源。且讓我們更深入探索拉力型、推力型和愚痴型模式。

拉力型模式：你在貪求什麼？

不少處於渴求模式的人，渴望關注。為了得到關注，他們不惜接受很可怕的對待。因為他們覺得，有人注意總比什麼都沒有好。有的人希望受人喜愛，當人際關係出問題時，恐怕還會很自責。如果別人惹惱他們，他們很可能會快速地安撫對方，以求軟化問題，防止對方對他們有任何不好的想法。舉例來說，贊恩的團隊裡，有個傲慢、以自我為中心的人，一直輕視他、忽略他的存在。然而，贊恩不但沒有和對方講明自己的感受，反而經常因為對方覺得他不適任而道歉，並且保證一定會更努力。因為他認為，自己應該接受對方的互動方式，甚至在和其他同事聊天時，為此人說好話。

另一種貪愛的傾向，是矯枉過正，在棘手情況下刻意大肆談笑，來彌補他們認為的不足之處。我還記得，曾有朋友帶著新交的男朋友，來參加週末的烤肉活動，介紹給我們這群朋友認識。打從一開始，這個新男友就友善過了頭。現在我跟他比較熟了，我看得出來，他在那個場合像青少年一樣，表現得喧鬧冒失，講很多笑話並捉弄大家，是為了讓大家喜歡他。在社交情境（包括戀愛關係）中，如果有一方比較冷淡或疏離，渴求型伴侶的標準反應，就是覺得需要把較疏離的一方「拉出來」。

然而，一旦卡在這種渴求模式裡，會導向難以突破的無盡苦難循環。話說回來，有時這樣的習慣，在某種程度上仍有用處。比方說，這股渴望會激勵你堅持、或保留一段其他人很可能太早就放棄的關係。

如果你發現自己身上也有這種模式，可以先從弱化習慣開始，坦誠地去看你渴求的到底是什麼。習禪時，我們會藉由「清稅孤貧」這則公案來探討。故事一開始是清稅禪師去找他的師父曹山禪師，說道：「清稅孤貧，乞師賑濟。」山云：「稅闍梨！」稅應：「諾！」山曰：「泉州白家酒三盞，吃了猶道未沾唇。」

清稅一開始就說他非常清貧，要求師父幫他忙。他的心態是認為他需要身外之物，而（在這則公案裡）師父可以給他。（事實上，清稅禪師心裡早有底，我們可以把他一開始的要求看作是假意提問，真正的目的是要考師父。）對此，曹山禪師呼喊了弟子的名號，清稅和尚也回了話。在這呼喚與應答之間，曹山禪師便出手幫了清稅禪師一個忙，根據事情本來的樣貌，導引他來到合一、真實、與天地萬物連結的境地。曹山禪師讓清稅禪師不假思索就回了話，就是提點他、讓他看到一片真正的豐盈之地，在這裡，我們什麼都不缺，因為我們**就是**整個宇宙。曹山禪師帶著深深的善意，最終為清稅禪師闡明了這一點。他指出，清稅師父已經喝了中國最醇美的酒，但「吃了猶道未沾唇」。你說你清貧，但事實上當下的你什麼都有了！

有時候，我們也跟清稅禪師一樣，很難看清楚，此時此刻其實我們什麼也不缺。你清貧嗎？你缺什麼？（這個問題是另一則公案的重點，出自臨濟義玄禪師的《臨濟錄》：「約山僧見處，與釋迦不別，今日多般用處，欠少什麼？」）

你渴求什麼？想辦法靜下心坐下來，拿來紙筆，盡可能坦誠寫下你人生中的渴求，從最小的事情開始寫，寫到最大的事。盡量不要去編修或檢核跳出來的想法，不管浮現什麼，寫下來就對了。你的任務是探問、體認與接受注意到的任何事，並且用善意與慈悲對待自己。記住，渴望與習性模式藏在潛意識的時候極具力量，然而，一旦這些東西跑了出來、並體認其存在，力道就消失一大半。想一想，人生可以喝到整個宇宙最醇美的酒，是怎麼一回事？這種瓊漿玉液的滋味如何？

推力型模式：你在逃避什麼？

悟者如何看待嗔怒

有些人習慣用挫折和憤怒，來回應難搞的人事物。但有一點很重要必須理解，那就是憤怒是不可或缺且有用的情緒，讓我們在必要時，有力氣去採行適當、果斷的行動，以確保自己與他人的幸福或生機。然而，如果放著不管，憤怒可能會引發痛苦，製造出內心的混亂、負面的想法和生理上的緊張。要是不去覺察，任憑憤怒在意識之下滋長，怒氣很有可能不斷強化，有朝一日爆發，此時就更難用不造成傷害的方式表達出來。所以說，要知道如何明智地管理憤怒。而我們可以從三個不同的層次，來處理挫折和憤怒。當然，這也取決於每個人在感受不斷累積時，覺察當下的能力，以及能否掌控隨之而來滲入身心的情緒能量。

一、**以不造成傷害的方式，發洩憤怒**：要做到這一點，需要一定程度的自我覺察與掌控，才能撐著不斷累積的能量，直到找到安全的地方才發作。而安全的發洩方式包括：搥打枕頭、去跑步，或是在曠野中大喊大叫。

二、**讓能量接地釋放**：這需要多一點練習，並要能體察到憤怒引起的能量。而要做到這一點，你可以觸摸土地，想著憤怒從你身上流洩出來。如同避雷針要接地一樣，觸摸土地就像是讓你在心理上接地。你可以想像著滾燙炙熱的憤怒能量，從你的手上流出來，流進地上，然後消失無蹤。

三、**重新導引能量**：第三種層次則要我們理解，身心系統內流動的憤怒能量本身並無好壞之分。透過練習，我們可以巧妙地轉化、或疏導能量成強烈的慈悲，激勵我們採取正向的行動。我記得達賴喇嘛在一次談話中說過，大家永遠都應該去感謝讓自己生氣的人。這是因為他們讓我們釋放出一股能量，而我們能把這股能量拿來做好事。

面對麻煩人物會發脾氣者，到最後常常都會與人衝突或爭吵（如果對方也很容易發怒，那更是了）。這又導引出下一則我們要探索的公案：「如何隔岸阻戰？」這則公案的用意，是去檢視衝突，並理解如何以禪的角度，來處理問題。

在繼續講下去之前，先很快地來看另一則公案，以理解如何處理這類問題。這是趙州從諗禪師的「無」字公案。故事是這樣的：某僧去找趙州從諗禪師（他於九世紀生活在中國）問道：「狗子還有佛性也無？」趙州從諗禪師回答：「**無！**」這則公案乍看之下沒有意義（如果你懂「無」這字在中文裡代表「否」或「沒有」，是最常用的負面意義字首，有點像是英文裡的「un」字頭，可能更覺得不知所云）。但如果深入探索「無」，就會知道趙州從諗禪師應答時的心態。

一開始，很多人會覺得「無」，是很讓人困惑的概念，遙不可及、很陌生，而且無法參透。然而，等到我們學會把最初判斷放在一旁，不再一下就覺得沒有意義，如此一來，面對「無」的人與「無」本身會愈來愈接近，最終融合在一起。到了這個時候，我們看世界的角度就變了，不再從分別的觀點來看，反而改用無分別、或者說無對立的角度來面對。我們透過成為「無」，而進入覺悟的心態，這麼一來，我們與整個宇宙之間明顯的界線，也消失了。

那麼，要如何隔岸阻戰？表面上來看，如果人在此岸、爭鬥發生在彼岸，又如何能阻戰？這個問題相當於「如何終止遠方戰爭，讓那些國家不再受戰火摧殘？」或者「如何阻止隔壁的爭吵？」又或者，實際上是「當你正處於爭吵當中，快要發火了，要如何中止這場爭鬥？」

當兩方的心理或情感距離拉得太遠、無法跨越時，局面就會愈演愈烈，變成衝突。雙方之間也因此出現了一座峽谷，大的能容下一條河奔流，就像公案裡所說的。然而，只有當我們透過世俗的觀點來看事物，認為每一件事都是不同、有分別、自成自有的存在，才會拉出距離。如果我們開始用趙州從諗禪師的「無」，來檢視如何阻戰這個問題，那麼，問題和提問的人（也就是你）會愈來愈靠近，就像賽場上兩個角力選手朝著對方撲過去那樣。這兩位選手的雙手雙腳最後會彼此纏繞在一起，比賽就此結束。同樣的，隔岸的爭鬥也消失了看不見。我們會發現，沒有爭鬥，也沒有看見爭鬥的人，只有主觀上的打鬥！

在這個時候，事實上我們已經變成了爭鬥。而這麼做時，就是進入了無分別、合為一的觀點。我們看待另一個人與自己的不同，就像看待自己左手與右手的不同。你什麼時候聽說過，人的一隻手會跟另一隻手打架？

當然，在很激動時，並不容易發覺這個觀點。因此，必須持續練習、累積功力，才能一直用不帶批判的角度，來覺察實際發生的事與自己的感受。而這是做得到的。

我們要看的下一段公案，重點放在爭論與分歧。這是逃避―憤怒型模式會造成的另一種結果。這段公案回溯到西元八世紀，偉大的南泉普願禪師在禪寺裡發生的事。南泉普願禪師是趙州從諗禪師的師父。這段故事一開始，是禪寺裡東西兩堂的僧人在爭吵，為的是一隻貓。公案裡沒有說明他們究竟在吵什麼事，只是講到一群僧人為了一點小事爭吵，完全沒有任何洞見或慈悲。就在這時，南泉普願禪師走了進來。我們可以想像，當他看到自家寺裡的僧人為了這等小事在爭吵，有什麼感覺。於是乎，南泉普願禪師抓起貓，抽出一把刀，並向眾人說：「道得即救取貓兒，道不得即斬卻也！」他給眾僧一個機會，要讓弟子有所表現，表明他們都懂了師父傳授的東西。但沒人講得出佛法大意，於是南泉普願禪師將貓一斬為二。

表面來看，這或可算是以很殘酷的方式來傳道。他可能真的把貓分屍了，但我們也可用比喻或象徵的角度，來看這個故事。會出現爭吵，是因為人有互相衝突的觀點，認為「我是對的，你是錯的」。而這裡的重點就是二元對立與分別心。南泉普願禪師想要讓眾僧打破對立心態，看到非二元對立的觀點，你的觀點與我的認知是對是錯，都消散於無形。這就是這則公案所要勸導的，深入研討後便能體會。

十三世紀日本的道元禪師回應這則公案，他寫道，如果他是其中一位與人爭吵的僧人，他可能會問：「你知道如何用一把刀把貓一斬為二，但你不曉得如何用一把刀殺貓之後，仍能維持完整一隻貓。」[3]若有分別心，貓也會被分成兩半來看待，指向你我有別，我的觀點比較對。而殺貓的寓意代表斬斷二元

3 From Dogen's *Shobogenzo*, global.sotozen-net.or.jp/common_html/zuimonki/01-06.html

對立的心念，讓人得以進入非二元對立的心態。貓被斬，反而變成了一體。

在這段公案中，接下來的場景是，南泉普願禪師會見剛完成採買行程歸來的大弟子趙州從諗禪師，並跟他說了之前發生的事。對此，趙州從諗禪師不發一語，但把草鞋脫了下來，頂在頭上走出去。南泉普願禪師幽幽地說：「子若在，恰救得貓兒。」趙州從諗禪師的反應看起來當然甚為奇特，但重點是，他並沒有陷入這場與貓有關的爭論，也並未說什麼該做、什麼不該做。他只是透過獨有的行事作風，以悟道之心，於舉手投足間自然流露出禪的本質。當南泉普願禪師要求爭吵不休的僧人「得道」時，他希望看到的就是這種反應。

透過這段公案可知，這也是南泉普願禪師希望在眾生身上看見的。當你身在爭辯當中，請想一想你對事情的想法和你的世界觀。如果還抱持「我是對的，你是錯的」心態，衝突必會繼續下去。之後會發生的狀況就是，每一方都愈來愈堅持自己的立場，直到問題完全無法化解。至於要不要追問「是否只有一種切入視角？」決定權在我們手上。可不可以從不同的角度看整件事？能不能看出大家都在同一條船上，製造出痛苦的人也正是雙方？左手能不能別再和右手吵架？

知苦，卻只想逃開苦

另一種推力／逃避型的人，他們不會因為麻煩的人事物發怒，反而會躲開。我們來看看幾個例子。

- 亨利發現常往來的朋友圈裡，有個人特別麻煩。如果他知道那人會在，他總是想辦法找藉口不去聚會。
- 艾拉常走路去採購，常走的路上會碰到某個人，對方會向她抱怨生活裡的一切不滿。就這樣，艾拉開始走另一條路（就算比較遠也無所謂）。
- 米麗是學校老師，如果學生行為不當，她需要打電話通知家長。但她注意到，自己會避免打給較難應付的家長，因為心裡真的很不自在。就算她終於鼓起勇氣撥電話、留下語音訊息，但對方沒有回電，反而會讓她鬆了一口氣。儘管她知道逃避無法好好解決問題，可是她還是一再地重複相同的行為模式。

很不幸的是，我們可以用很多方法，不和麻煩人物打交道，也因此，「逃開」是最容易出現的模式。此外，人的逃避心理與行為通常受潛意識影響，因此，這也是最難處理的一種模式。畢竟，如果無法察覺，又如何知道有問題待解決？而親朋好友可以在這件事上幫上忙。他人通常會比你早發現你在逃避什麼，因此，如果他們說過你表現出逃避的模式，請好好傾聽。

以「否認」來逃苦

但要完全避開麻煩的人，只有在某些情況下才有可能做到。我們說對方令人頭大，指的是他們會激起我們的情緒（而且都很棘手、令人不安）。而人天生就很清楚要尋樂避苦。我們不喜歡不安的感覺，因此大腦會留個一、兩招，不會只靠逃走來躲開不安。

大腦有一個很簡單的招數，就是否認感受。我們來看一些很直接了當的範例，說明這是什麼意思。

- 愈來愈多證據顯示艾美的伴侶劈腿，但她心裡就是不承認。她的潛意識認為，接受現實太痛苦，會導致衝突並造成更多痛苦，因此用否認來「保護」她。
- 醫生已經對布蘭登說過，他已經胖到病態的程度了。但他仍認為自己只是「骨架大」，因此看不出來為什麼需要改變飲食習慣。
- 蒂安娜和四人合租房子，其中有一個是她認識很多年的人。此人後來變得令人難以忍受，由於蒂安娜最了解對方，因此其他人請她要求此人搬出去。蒂安娜每次都在想，這位室友到底有多難相處？她根本看不出來問題在哪裡。

我剛開始關注內在世界時，也注意到我碰到麻煩的情況時會否認：我會無感。歷經了童年創傷後，我的潛意識學會把一大塊內心世界包起來，隔絕有意識的覺察，以避開痛苦的感覺。青少年時，我開始沉迷於研讀不太需要投入情緒的科目，比方說數學和物理。因為這表示，我可以避開自己感官情緒的一片荒蕪。但這也有限度，到了二十五歲時，我還沒談過戀愛，我和家人之間的關係充其量也只是客客氣氣，有時候則充滿傷痛。我還記得事情爆發時是復活節，我從大學返家，我媽建議我去尋求協助。雖然這話聽來很刺耳，但確實是好建議！透過心理治療進行反思，我學著看到我的潛意識，以「否認」來逃避分離與失去的痛：一開始是我爸性虐待我，東窗事發後，他遭逐出家門。之後是繼父在車禍中死亡、母親身受重傷。長期下來，這種「否認」行為愈來愈牢不可破，養成了習慣，嚴重到只要有人在情感上跟我很親近，我就會逃開，同時也自我麻痺，不去感受任何情感連結。

我還有更複雜的範例，牽涉到另一個人，就叫他莫利斯吧。莫利斯迷上一位同事，經常對她有性幻想。他對自己說這些想法很不妥，很努力要把這些念頭趕出去。如今，過了幾年後，這些幻想還是會出現，然而，一旦浮現這些想法，莫利斯就想辦法推開，並說服自己這些東西從來不存在。由於他下意識就會自欺，因此，現在他已經不再刻意控管自己對這位同事的性幻想。然而，少了自我覺察，很有可能某一天他就衝動行事，做出暴行。就是因為這樣，竭盡全力秉持著善意與坦誠，體認並接受自己的想法與感受才會這麼重要，無關乎這些想法與感受有多好、多壞或多醜陋。想法本身不會引發行動。唯有我們知道並完全接受自己的想法與感受時，才能評估如何用最好的方式妥善因應。

以「分心」來逃苦

潛意識會玩的另一個花樣，是讓你分心。我們知道，強烈的感受會蓋過比較微弱的感覺。而分心這一招，就是用同等或更強烈的愉悅感，來蓋過痛苦。舉例來說，我有個朋友定期要和主管開工作會報，但她覺得主管是一個傲慢且目中無人的傢伙。她很怕這些會報，她注意到，她總會在開會前一小時，吃下大量的巧克力。巧克力的美味（某種程度上）被用來當作蓋過、或掩飾焦慮與驚慌的工具。還有一個範例，故事的主人翁在人際關係上碰上難題，於是他把所有空餘時間都拿去打高爾夫，不願面對整件事。

如果你知道自己是逃避型的人，你可以拿這種行為模式來做練習，刻意把注意力轉向你本來避開的事物。從簡單的事情開始，像是做家事。所以，若你討厭洗碗，總是想盡方法不洗碗，那麼試著去注意看看，你的逃避態度是否有什麼生理上的蛛絲馬跡。例如，走近洗碗槽時，會覺得很疲憊或很沉重。想辦法把你的焦點放在感官本身，不用去想你需要做出哪些判斷。具體來說，你不喜歡的是哪個部分？在你真的動手洗碗後，請持續關注你的感受，並看看有哪些變化和轉變。你可能永遠都不會喜歡洗碗，但是可以學著接受不喜歡的感覺。如果能有意識地去面對像洗碗這麼簡單、且不帶威脅性的事情，藉此處理慣性的逃避傾向，慢慢的，你就可以練習，把目光轉向自己通常會避開的人事物。光是覺察到你逃避什麼事，就已經成功了一半。一旦你體察到自己的感受，就可以選擇用明智的態度去因應。

話說回來，逃避模式有幾個面向，有時也有用處。例如，在我們覺得非常脆弱或時機不對時（如剛剛分手或是工作遇到衝突），暫時躲開麻煩人物是比較健康的辦法。然而，長期來說，這麼做到頭來，會變成我們碰到麻煩人物時的預設反應模式。可是，這頂多只能把問題延後，在最糟糕的情況下，還會剝奪掉你許多人生潛能。

愚痴型模式：你的想法顛倒迷糊了嗎？

在佛教裡，痴是造成痛苦的主要原因。所謂愚痴妄見，指的是無明無知、對現實有根深蒂固的錯誤認知，或是誤把幻想當成現實。請想像一個天生俊美又有自信者的人際互動，這個例子能好好說明此模式。如果有別人惹到此人，或是他惹到別人，這種人會毫無顧忌地大肆攻擊，但大多渾然不覺，看不到自己的行動會造成哪種後果。要是有人直指他行為不當，他會聽而不聞或一笑置之。

要看出自己的行為是從痴出發，非常不容易。這是因為，當我們還不明白自己的想法顛倒迷糊之前，會覺得一切都再真實不過了。要覺察，需要深深的探問與萬分的坦誠，還要努力去傾聽那些體認到現實的人，所講的觀點與批評指教。你可能需要花很多年，才能看出與接受你用這種模式行事。或者，也有可能在一瞬間就看破一切，就像以下這個範例。

我有個朋友最近跟我說起，某天晚上他和妻子發生的事。他們同居沒多久，先生很快就覺得妻子「很麻煩」。某天，她和朋友度完週末回家，他們兩個人坐下來，聊聊她這個假期玩得開不開心。星期六晚上她去夜店，她說那天晚上有人給了她一些迷幻藥，她也吃了。我的朋友對我說，他太太坦白時，他非常生氣，身體也開始顫抖。等到初始的情緒反應消退之後，他們才有辦法繼續講下去。反省了幾個星期後，他終於理解發生了什麼事。他把太太定型成一件「物品」，並理想化對方。在他的想像中，太太會根據他的標準做人處事，而且他相信這就是真正的她。因此，她講到自己做了一件不是他想像中的她會做的事，他的錯覺幻滅，這也是他會那麼難過的理由。過去的她並不是他想像中的那個人，現在當然也不是！在他的妄見下，太太被定型了（她在他的心裡是一件物品）。但事實上的她，是動態、不斷變化、互依互存的，根本無法物化。他對我說，他覺得很幸運，很早就有這種體認。很多人都是在一起很多年後，才認知到這一點。時間久了，我們也會有一種印象，覺得自己對伴侶無所不知。但，我們又如何能做到對別人無所不知？就算是最簡單的材料，科學家至今仍無法摸透一切，那你又如何能完全理解另一個人？

要理解、破除愚痴妄見，重點是要在心裡想著「自己可能是錯的」。不管你做什麼，請盡力敞開心胸，樂於去檢視自己的假設與意見。就算你覺得別人要你去做的事無用，也請往好處想。畢竟，你可能是錯的。另一種有用的方法，是把眼光放遠。試著找找你的人際關係中，有沒有任何重複出現的模式。舉例來說，你可能驚覺到，別人認識你一段時間之後，就會開始避開你。或是，你覺得自己向來是關係終結者，又或許你發現，小衝突經常惡化成大爭吵。從這些模式可以看出端倪，發現行為背後隱含的想法與信念。

不管什麼事，當我們用正念面對，目的都不是為了判斷或批評，而是要盡可能用最大的坦誠與開放，來體認我們摸索到的事物。當然，這些東西可能不好接受，或讓人不悅。畢竟，活在愚痴妄見中，比真正面對「你可能想錯了」的事實更輕鬆。而這也是人之所以看不透錯覺，很常見的因素。

慢慢來，不管你找到的觀點或信念是什麼，你要知道，這些幾乎都是當時你眼中的最好決定。

第 4 章

帶著慈悲之心，
變得柔軟

碰上難搞人物時，很多人可能會很快擺出防衛的姿態。我們會繃緊神經，試著保護自己免於潛在傷害，可能是生理上的傷害，也有可能是保護脆弱的自尊。我們會主張自己在道德上是對的，把矛頭指向別人，認為局面會變成這樣都是對方的錯，他們才是需要改變的人，是那些人害我有這種不快的感覺。人很容易就不再認真傾聽，放任自己先入為主的假設與意見橫行。

然而，這一切會強化我們認定「那個難搞人物」和「我」之間的差異。前文提過，這個時候，我們穩穩站在二元對立、分別你我的立場，並因此受苦。然而，光是想到，自己在製造這些痛苦上，恐怕也有份，就讓人覺得不安。

但是，如果可以懷抱真誠的覺察與開放的心胸，去探查到底發生了什麼事。一開始的堅定立場就會軟化，變得更廣闊、更包容。我們會漸漸看到，過往的經驗和苦痛，如何為自己的慣性模式與世界觀打下基礎，影響所做出的反應。同理，讓我們覺得很難纏的對方也是一樣，受過去所形塑。

習慣與信念指的是固定的行為與思考模式。這些模式會有用處，但在這之後要是我們還緊抓不放，就會造成束縛與限制，只會局限住我們。如果想要用有彈性、能變通的態度活在當下，就要學著理解何時應該放手。禪學中有一則古老的寓言，就把這件事說得很明白。

有個老和尚和小和尚一起旅行，有一天，他們來到一條水流洶湧的河邊。兩個和尚正打算要渡河，這時，一個年輕女子過來了，問他們能不能也幫忙她渡河。老和尚想也不想，就背起了女子，把她扛在肩上渡河，然後在對岸放了女子下來。小和尚很不高興，但什麼也沒說。他們繼續旅程，過了一陣子之後，老和尚注意到小和尚一言不發，就問他怎麼了。小和尚說：「我們出家人不可以近女色，您怎麼能把那個女子扛在肩上？」老和尚看著他，然後說：「小師弟，我早就在河岸邊把她放下來了，但你看起來還一路扛著她！」

老和尚可以靈活處事，並身在當下繼續旅程（至於他做得對不對，那是解讀的問題）。然而，小和尚被觀念、規則以及什麼該做、什麼不該做所困，把時間花在生悶氣，不願相信老和尚做的事，也因此，他很可能錯過了河邊的花木芬芳。

慈悲之眼，可以看到幾個方向？

當我們漸漸看見與體認到，自己如何面對難搞的人（並因此放開「希望事情如願發展」的私心），很重要的是，要用慈悲心來對待自己。英文「compassion」（慈悲），其字首來自拉丁文的「com」，意指「在一起」，「passion」在古英文中，則有痛或受苦之意（比如，「passion of Christ」講的就是「基督受難」）。因此，慈悲可以指與痛苦、難處和苦難**共存**。而放開對我們來說不再有用的事物，就是一種慈悲之舉。

佛教世界有兩大核心教法，慈悲是其一（另一個是洞見，或說是智慧）。我記得，我開始修禪之後，沒多久就碰上了一段公案：「慈悲之眼可以看到幾個方向？」一般人都不覺得禪學強調慈悲，但這樣的看法正反映出對禪學的誤解。確實，禪學並不像其他佛學宗派那樣，總是講到慈悲，但這並不代表禪學不看重慈悲。而提到「慈悲之眼」，總會讓人聯想到觀世音菩薩（Avalokiteshvara」），祂體現了佛教的慈悲理想。「Avalokiteshvara」是梵文，意指「聽聞眾生的聲音／呼救」。日文裡寫成「観音」，中文則稱「觀音」。觀世音菩薩通常被描繪成女性形象，有十一個頭，可以看見與聽見世間所有的苦。然而，要體現慈悲精神不光只是能傾聽，還有救苦的願力。也因此，觀音的造像有千隻手，讓祂可以伸出手去幫助所有急需幫助的人。

那麼，觀音的眼耳到底能觀聽多少個方向，看起來是涵蓋每一個方向。我還記得我就是這樣回答師父的。師父則回應說：「指給我看。」我用手比了室內一圈，還包括上方與下方。「好，」他說，「但還不夠。」我坐下來想了一下，很努力思考有沒有別的方向。專業照護人士經常也會有這樣的盲點。他們在病人與當事人身上傾注了大量的慈悲，一路走下來卻發現自己過勞了。然而，即使身心俱疲地躺在床上、心情很糟，他們念茲在茲的還是，是否辜負了某些人，以及何時可以回到工作崗位。還有什麼別的方向？最後我明白了，我指向自己。我的師父笑了。我們的慈悲之眼不僅要往外看到每一個方向，也要往內看，這一點非常重要。畢竟，要是沒有好好照顧自己，不顧自身健康與幸福，在這個世界上又如何能真正幫上忙？

因此，若能讓麻煩人物成為自己的老師，從他們身上，我們能愈來愈明白，自己在哪些地方卡住了、執著什麼，以及逃避哪些事實。如果可以用不批判、愛自己，甚至很幽默的態度，看到他們教我們的東西，就能擁有絕佳的機會，在任何處境下都能有智慧地放手與應對。

在第二部裡，會更深入檢視麻煩人物叢生的各大生活面向，涵蓋日常、職場與居家，並搭配真實案例。看看故事中，人們如何應對難搞人物，並從這些交流中，找到更深刻的啟示。而故事的主人翁（包括我自己），都是禪修同好，成員背景各異。他們多數都在英國，但也有海外的案例。我更改了姓名，也更動一些細節，以保護受訪者的個人身分。聽到別人的故事，可以幫助我們思考不同的可能性。而一旦能如實面對發生的事，絕妙的事物自會顯現。我希望你可以在其中一、兩個範例裡，看見部分的自己以及你所處的情境。

PART II

修練

第 5 章

面對路人惱人佛……

碰上難搞的路人通常都是一次性的事，這些人你之前不認識，日後也永不再相見。有時候，這種惱人佛不是特定個人，而是某一「種」人或一群人。比方說，車一來就衝上去、不管別人下不了車的那種人。而且，你覺得很困擾的行為，很可能一再一再地出現，每次都是不同的人（比方說，轉彎不打方向燈的駕駛）。花幾分鐘，就可以舉出路人會做出哪些讓人生氣的行為，而且這份清單很可能長到很誇張！

而碰到麻煩人物時，人很容易就跳出來，指責對方造成的問題。例如，認定他們要不就是故意的（意在刁難或是侮辱我們，所以是衝著我們來的），要不就是自私（因此他們應該得到教訓）。不管是哪一種，我們都假設他們應該能管好自己，或者至少會意識到自己在做什麼。

莊子是古代中國的道家哲人，他在西元前四世紀曾提出一個觀點，很有助於看待難應付的路人。莊子說，如果河上有一艘無人船撞上你，你不會對船生氣。但假如是有人開的船，最後還在河道上相撞了，那你就會對船上的人大聲咆哮，要他們趕快改變方向。萬一他們沒有聽到，你會喊得更大聲，並且開始罵人，這都是因為船上有了人。反之，若那是一艘空船，你就不會生氣。[1]

莊子講出這個故事，是鼓勵我們把令人傷透腦筋的人，當成那艘空船。空船不會無故撞上我們，會有碰撞，是由許多的因緣條件和合而成。同樣的，對方不一定是為了惹惱你而故意難相處。這樣一想，你就有空間、重新把對方的行為當成是衝動行事，沒有特別目的，是非意識力量牽引造成的結果。而這些力道的源頭，則來自於一些沒有好好檢視的傷痛與過往經驗。他們也是努力想做到最好（但會遭受環境條件限制），或者說，在最壞的情況下，他們只是不知道自己的所作所為，可能造成哪些衝擊。如果你透過這樣的觀點，來看待對方的擾人行為，你的反應會有何變化？

以下幾個範例，描述在一些常見情境中，與各種討人厭路人交手的經驗，以及這些經驗如何凸顯出人心的冥頑不化或先入為主。第一個範例發生在忙碌的樓梯間，後面兩個發生在火車上，第四個案例則是在汽車裡。

1 改寫自：Merton, T, tr, *The Way of Chuang Tzu*, New Directions, New York, 1965。

把「渾蛋」，想成脆弱的花瓶

不久前，葛蘿莉亞一邊走在倫敦人潮洶湧的購物大街上，一邊生氣。她覺得每個人「行為舉止都像渾蛋，瘋狂地衝進店裡購物」。她發現，自己要用手肘撞開人群、開出一條路，才能往前走。在一條通往地鐵站的狹窄樓梯間，她撞到了一位女子，迫使對方退到旁邊。被撞的女士語帶譏諷地大聲吼回來：「妳知道吧，我也要下樓梯！」

葛蘿莉亞還記得，「聽到這些話之後，在那一刻，本來是阻擋我前進的障礙，變成了活生生的人。」而就在一剎那間，這個人又變成了「一個反正也沒有要去哪裡的賤貨，活該被推到旁邊」。當葛蘿莉亞意識到這些不友善、反射性與批判性的想法，她很用力地調侃自己。她讓對方先走了。在接下來幾分鐘，這些想法被拋諸腦後，因為她內心深處體會到，她自己就是其中一個渾蛋，而「身邊的每一個人都是有感覺和目標、有血有肉的人」。他們不是故意針對她、擋她的路。她說：「人很容易就忘記這一點！」

另一次，她開始在走路時，「假想身邊每一個人都像脆弱的花瓶一樣，很容易就破了或受損」。一旦她開始這麼做，同時也就湧出了很深切的善意與耐性：「如果我們尊重每一個人都是有血有肉的人，而不只是擋路的障礙，那麼，等久一點也無妨。」在反省這件事時，現在的她說：「你以為自己沒有心力表達善意，但這不是真的。你永遠都有心力。」而走在人行道上時，葛蘿莉亞也練習表現出善意。她對其他用路人萌生了新的敬意，並深切體會到共同的人性。她補充道：「這又提醒了我，我們都同在這個世界上。」

聲音與我，不再有分別

努力培養正念技巧的人，常會在行進間練習，尤其會利用通勤時間冥想。我還會在火車或公車上，看到可能正在這麼做的人：他們頭戴耳機，明顯刻意坐直身體，雙眼偶爾會閉上幾分鐘。然而，想要在沒這麼理想的環境下靜坐冥想，聲音很快就變成惱人的因素。

我還記得，有一次我在火車上冥想（我沒戴耳機），正把注意力放在呼吸上時，前面幾排有一個人開始玩手機遊戲，而且還調高音量，同樣的嗶嗶聲和音效不斷重複又重複，我發現自己的火氣也慢慢上來了。我在想：「難道他不知道自己開了聲音嗎？難道他不知道，這對別人來說有多困擾嗎？」而體認到這些反射性想法之後，我發現，聲音本身並非問題所在，我對聲音的抗拒才是。讓我不安的不是嗶嗶聲，而是當下的情況，和我希望的（要安靜）有差距。當我體悟到自己的沮喪與怒氣從何而來，並容許這些感受存在，它們就沒這麼強烈了。

發生這件事之前，我讀了一、兩篇文章並聽了幾段談話，講到如何因應冥想時的分心。我想起他們的建議，盡我所能把該怪誰、或這些噪音會持續多久的想法放在一旁，開始打開注意力，去聽火車上的各種聲音。就這樣，我找到方法，溫柔地接納了所有聲音：對方手機發出的嗶嗶聲、火車車輪的吱哩喀啦聲、洗手間的門偶爾開關的聲音、車廂廂壁微妙的嘎吱聲，以及坐在我後方的乘客閒聊的聲音。來自四面八方的各種聲音和噪音，讓我聽得入迷。

這些聲音不再與我有分別，再也不會干擾我練習並讓我發怒，而是變成我練習的一環。此外，我也成為當下的一部分。明白這一點之後，我在心裡感謝坐在我前幾排的那個人，對方仍玩手機玩到渾然忘我。

帶著禪心去通勤

派翠西亞以前必須長時間通勤，到倫敦市中心上班，她至少要花一小時四十分鐘搭火車和地鐵。她發現，搭地鐵時最難熬，因為那個時間點的旅客永遠多到很誇張，有時候她要等五、六班車才能擠上車，在車廂內還要受到別人推擠。她還記得有些人把她擠成「非常奇怪」的模樣。「車廂內的空氣很熱很髒。」她回想道，「有時候，月台上和車廂裡都站了很多人，根本是寸步難行。還有，火車也常因為號誌亮起紅燈而延誤很久，這種經驗通常都很讓人不快。」

對派翠西亞來說，這竟成了她練習禪修靜坐的理想時間。她說：「我會試著與每一種情境同在，『成り切る』每一個時刻。」（成り切る是我們的禪學師父用的日文用語，意指「徹底成為」。）派翠西亞說，長期下來：「我開始體驗到，整趟通勤時光，是創造心流體驗的時刻：等車、上車下車、被推擠、成為擁擠人群中的一員。」她發現，她不再預期什麼，有時候，她覺得自己「透明空靈」。儘管通勤時光仍稱不上「令人愉悅」，但她也發現，自己不再為此痛苦了。而她也不會忘記，通勤教會她很多事情，讓她知道如何把禪修應用在日常生活上。

感謝惡劣的駕駛，點出自己的執著

比爾一向努力做個謙恭有禮的好駕駛。但過去幾年，他注意到一件事，上路時如果發生一件事，會惹得他很生氣：交通量很大時，多車道的外線道卻關閉或有終點。「尤其是，有些駕駛會在車道縮減路段將近處，急忙超車，這會讓我很生氣。」他說的是，開在車道縮減將近處的駕駛「試著超過前一輛車，再急踩煞車，在最後一秒才切進來」。在比爾心中，這無疑是很危險的駕駛行為，更讓他在行車時氣憤不已。

有很長一段時間，他都認為這種行為「很不公平」。他記得，當他看到「大型車為阻止這些混蛋超車插隊，故意切出來跨在外面兩條車道上」，這時候他就覺得這些人真是英雄。他體認到：「我不希望看到那些駕駛搶在我面前，或是在排隊時插我的隊。」

後來，比爾看到一部講述繁忙交通的紀錄片。片中引用研究，指出跨兩條車道的車輛，實際上造成更多交通意外。影片說，在交通繁忙時，最能善用道路的辦法，是盡可能兩個車道都用到。新的資訊改變了比爾的觀點，這讓他感到很神奇。他開始認為，「橫跨兩個車道或造成阻礙的人是笨蛋」，並想著「難道他們不知道自己做了什麼事嗎？」

理性認知上，他知道最安全且最好的辦法，是讓那些想要超車的人超過去。「只要對方的行為不會不安全，不管他們怎麼做，對我來說其實都沒差，我也不需要去想為什麼他們要這麼做。」然而，雖然他懂這麼做，其實對紓解交通流量更有利，但他仍感受到一股淺淺的意念與立即的衝動，不想放對方過去。「我注意到我很想要加速，把車距縮小，讓他們沒有空間切進來。」基本上，他是要懲罰他們的行為。他自問：「為什麼有一部分的我，會想去做理性的我不想做的事？」

他認為，這是「果報的種子。因為他想這種事想了太多次，養成了立即性、習慣性的反應」。他猜想：「衝動會馬上出現，想要反其道而行的理性思考，才會在之後浮出來。」他補充道：「我這麼容易、這麼快就在這件事上責怪自己，真是好笑！」

在花時間觀察、並探究這些想法與慣性反應之後，比爾很感謝有這些現象。「如果不是這些人硬切，我又如何看得到心中的執著？像是，執著於自己在隊伍中的位置，執著於不想被那些人阻礙。」

省思這件事時，如今的比爾說：「如果在路上又發生同樣的事，我的慣性衝動仍在，但已經有比較圓融了。衝動出現時，我可以更快就發現，然後像戳泡泡一樣戳破。」他選擇讓別的車超車（或是讓別人切到他前面），然後「我會大聲感謝他們，讓我看到自己的執念。」但他也承認：「我發現這樣做、以及隨之而來的一絲得意，讓我覺得很棒。我學著接受，不再責備自己了！」

他發現，透過謹慎觀察和探問，他開車上路時的認知與態度，都有了大大的改變。現在的他，經常微笑地看待自己在類似情境中，新發現的心得或體悟。

第 6 章

面對職場惱人佛……

多數人大部分的清醒時間，都在職場上度過。而上班地點可能是在辦公室、農場、工廠，或是在網路上。但不管怎樣，都需要與某些人培養「專業」關係，而那些人恐怕是我們本來不會想長時間相處的對象。如果再加上經濟壓力、不平等，以及對上、對下或平輩之間會出現的權力動態，職場很快就會有各路牛鬼蛇神出籠。

傳統上，佛教把存在的狀態分為六類（六道），一般聽到的兩種，是人道與畜生道。另外還有天道（進入天道，只會體驗到歡愉和幸福）、餓鬼道（裡面都是多貪欲、成癮與匱乏之者）、阿修羅道（其中都是被憤怒、忌妒和衝突牽動者。在佛教的宇宙觀裡，阿修羅是一種怒氣沖沖的半鬼半神）與地獄道（裡面有各種極為難忍的嚴峻苦難）。

以禪學來說，我們把這六道，視為生活中不同的存在狀態。以本章主題而言，很多職場都可視為阿修羅道：裡面有太多受憤怒、忌妒與野心牽制的人。而衝突、情緒暴力、競爭、放冷箭等等都是主要戲碼，有反社會人格的主管掌管一切，人們為了比別人領先一步，不惜做出不可饒恕之事。這種為生存而戰的心理，讓身體持續處於緊張狀態，壓力與焦慮易出現，就更難理解與同理他人。不幸的是，這種充滿憤怒、競爭與焦慮的狀態，在大部分的社會與職場已經成為常態。

當然，不是每個職場都這樣，也不會時時刻刻都這樣。且讓我們來看看以下幾個範例。但即便是最友善的職場，偶爾都可能會出現阿修羅的心態，所以說，職場是得以覺察、慈悲和坦誠的絕佳環境，更能探究我們可以從難搞的同事和客戶身上學到什麼，以及他們又對我們造成哪些影響。接下來，就來看看不同職場中的麻煩人物範例。我們可能是在前述的阿修羅道遇到他們，但也可能是在比較友善、關愛的環境，與對方打交道。

你認知的世界，是現實嗎？

皮耶多年來都和某同事處得不好，他認為她「懶惰，工作也做不好」。他說，每一次她請他幫忙時，他會「把她的請求，視為她很懶惰的明確徵兆」。印象中，他「很難對她好聲好氣，但最後總是覺得很沮喪、心煩、憤怒又緊繃」。他說：「我心裡一直縈繞著，這個同事是多麼不用心、不努力工作。」皮耶還記得，他很習慣一直把這些事翻出來講，這讓他的壓力更加沉重。

同一時期，皮耶開始學習正念與練習冥想，並因此開始理解自己的心。「長期下來，我愈來愈清楚，我認定同事有某些行為、並因此感到很生氣，但這和實際情況完全是兩回事。」他記得：「『同事非常懶惰』的想法一直在我心裡揮之不去，但我慢慢學著放輕鬆，與這些東西共存，我知道這些只是想法而已。」他開始體認到，自己的先入為主、固執觀點以及意見，都是不同類型的妄見。他培養出慈悲之心，來對待有這些想法的自己。皮耶現在看得出來，他渴望事情「按照他的方式」進行。他體認到這股渴望，也知道自己帶著這股渴望來做事。他說：「如今，我會用全新的眼光，來因應個別情境與互動，盡量不讓假設與成見跟著我。」他發現，一旦他著手處理問題，就可以放開很多預設的想法。

近來，皮耶注意到，自己開始感激這位同事。他也不諱言，和她之間的互動，讓他看清自己的錯覺、受制約的心態模式和習慣等等。過去，他緊緊抓住這些東西不放，因此卡在這裡，同時也對同事和這個世界產生「人我有別」的想法。他說，事實上，「她對我來說，一直是很好的老師。」他發現，「每一次互動都在提醒我，自己在哪些面向還很執著，還有哪些成長和發展的空間。」

皮耶的例子蘊藏著大啟示，那就是，講到學習如何面對難搞同事和麻煩人物，最重要的或許就是：認知和現實是兩回事。體悟到這一點，讓皮耶不再去認同自己的想法，而是當成各式各樣的錯覺，這樣一來，他就能放開成見，在和同事互動時更身在當下，用不同的眼光來看對方。但是，就算我們看到了兩者有差異，或者理智上理解這一點，這也不代表我們就不會再陷入先入為主與成見當中。畢竟，要覺察到自己陷入既有的偏見，需要練習。也因此，體會身體感官（像是不安或發熱）極為重要，因為身體通常是很靈敏的指標，可以指出有事發生了。從下面的範例中，就能清楚看到這一點。

覺察身體，安住當下

娜迪亞從事居家照護工作，照顧有學習障礙的人。這些人就是她的惱人佛。她說，面對他們，「什麼事都會放大，包括情緒、肢體動作和需求。很多人無法做出合宜的社交行為，會重複問同樣的事情，一次又一次，一天又一天。」

娜迪亞有很長一段時間都很疑惑，不知道要用什麼態度，來面對這些不斷重複的問題才對。她剛入行時，都會盡力回答問題。但她很快就累了，也厭倦了一再重複相同的答案。

娜迪亞有冥想習慣，並經常藉此來查探身體感官。她說，一而再、再而三回答相同的問題，「會使得倦怠與疲憊如泉湧冒出，讓我覺得身體很不舒服。」她明白，她潛意識裡希望逃避這種不舒服，這使得她在和對方互動時，注意力愈來愈不集中。她還記得，她發現自己，「對於他們說了什麼心不在焉，並且想辦法不看對方的眼睛，為的是阻止他們再問下去。」但她也說：「我心裡知道，這種做法不對。」她明白，她的不關心常會激怒提問的人，對方反而會更堅決地提問。而挫折與疲倦引發的生理感受，也成為靈敏的指標，讓她明白這不是健康的處理方式。

娜迪亞理智上早就知道，應對進退時，全然覺察與安住當下非常重要。而她去做居家照護時，每一次互動所帶來的身心感受，都再再提醒她要做到這一點。「我愈是貼近我的身體，就愈能注意到，我何時巧妙地避開、或是疏離他們。不斷重複的問題變成機會，讓我可以進行調整，更做到身在當下。」她會留意自己與提問者不安的徵兆，看自己是否又重拾過去心不在焉的習慣。她說：「很快我就見證到，我的全神投入與關注，增進了關係。他們提的問題變少了，重複的頻率也降低了。」

「我看到太多次，態度有點改變後，帶來很高的回報。」她說，「比如，有個本來很難相處的小夥子，開始來上我在家開設的愛與關懷冥想課程。原本他很負面，但隨著時間過去，他真的沉浸其中，現在常常攔下我，笑著跟我說，他有多高興來上冥想課。」另一個之前常遭到她漠視的女士，最近對她說她是「最好的人」。

經過這些事，娜迪亞學到，在人際關係中，放下預期、敞開心胸並能愈挫愈勇，有多重要。「當我把過去習以為常的批判、以及最好與人疏離的想法放在一邊，我發現我可以愛他們、支持他們，幫助他們找到獨有的表達方式。」也因此，即便他們的智慧與美好「只能閃耀一瞬間」，但也常讓她驚豔。

娜迪亞的故事是很好的範例，刻劃出覺得對方很麻煩、但又希望跟他們建立良好關係的情況。娜迪亞發現，她的身體給出了明確的信號，讓她知道自己何時想要避開、或遠離她眼中的麻煩人物。那就是，當她覺得生理上很不舒服、很疲憊的時候。她也意識到，自己有意無意地躲避不舒服的人事物，大大影響了她的職場人際關係品質。前文也談到，在我們學習如何更有智慧地面對難搞人物時，這種以身體為中心的覺察與敏銳度，是關鍵所在。然而，就像娜迪亞的故事所透露的，如果要注意到這些微妙感受，平日就必須有扎實的練習，並且在事情發生時仍能懷抱強烈的意念，如實覺察，把心安住在當下。

接下來有三個範例，要說明稍微不同的應對麻煩人物方法，這些比較偏內省或是自省取向。這些範例讓我們看到，深入檢視自己（或者如佛家所言，當我們「點亮心燈」）會怎麼樣。第一個範例講到，兩個人互為對方眼中的麻煩人物，相處起來引發了各式各樣的情緒。第二個範例講到，一旦找到自己的認知盲點，並用意念和練習，讓認知明燈愈照愈遠，會產生什麼結果。第三個範例要講的故事，是一個人發現工作壓力讓自己喘不過氣來，從而體認到放鬆、專注與重新評估自己對工作的態度，有多重要。

同事，真的不是怪物

艾德在一個大城市的某大型法律事務所工作，擔任部門主管多年。艾德卸下這個職務時，一位同事被拔擢，接任他本來的部門主管職務。艾德跟這位同事並不特別熟稔，但他說：「我原本就對他有些片面的想法，認為他很頑固、愛大聲嚷嚷，而且性喜抱怨。」回首過去，艾德發現，他們之間這段惱人的關係，早已種下。艾德會批判他的同事。「我管理團隊時，並沒有撥出時間聽他說，因此，換他上任經營部門時，我覺得這位同事把我當成威脅，處心積慮要孤立我，把我和其他成員隔開來。」也因此，艾德覺得被霸凌，甚感憤怒。局面變得很糟，他甚至考慮離職，但當時的經濟環境讓他三思而後行。「除了憤怒之外，」他說，「我還覺得被困住了。」

差不多同一時期，艾德開始學禪，慢慢把注意力拉向自己，並培養更深刻的敏銳度，來觀照情緒狀態。修禪時，他觀察與體認到，自己所謂的「情緒糾結」。「我慢慢覺察到，自己對淪落此境的憤怒，以及錯過離職機會的悔恨。那時候的我，總跟自己過不去。」慢慢的，他觀察到，他和那位同事都是帶著各自的情緒糾結，來面對彼此。「我們一直挑釁對方，挑起對方最糟糕的一面。」他說，「對我的同事來說，我可能也是一個很難相處的人！」

當艾德願意看到與接受所有冒出頭的情緒，糾結就開始鬆開。他的情緒穩定了，慢慢平靜下來，「這有點像是水甕裡的泥漿沉澱。」經過幾個月，他開始質疑自己的某些「意見和義憤填膺」，並試著從不同的觀點看事情。「藉由持續的練習和反省，」他說，「我明白我和同事基本上在同一條船上，他不是怪物。他也有家庭，有愛他的妻子，他那個時候也是努力要做到做好。」

當糾結慢慢解開，艾德愈來愈能接受實際的情況，他記得，之後他和同事互動上愈來愈輕鬆，也沒那麼對立了。他體認到自己在這段關係裡的角色，也保持開放的態度，更細緻地理解了整個過程。「我需要轉向檢視自己的憤怒和挫折，騰出一個空間讓我能探索這些情緒。」這是非常痛苦的過程。他告訴我：「我開始對自己承認，過去活在無明與執著中。同時，我也會為這段麻煩的關係，負起該負的責任。」

他們兩人不曾成為密友，但在這樣的過程中，艾德學到「原諒」的重要性：原諒自己，也原諒同事。他說：「原諒無關乎替對方的行為找藉口，甚至也不是要和對方和解。重點是整合所有難受的感覺與苦處，接受自己與對方真實的樣子。」他發現，這表示他們「連同世界上每一個人，都在同一個人世間，深深相連、緊密交織」。

說到底，這段經驗幫助艾德，「深深感受到與身邊每個人、每件事物都互依共存，就連我們認為是生命中最難相處的人也不例外」。

其實，問題並不在你所想的地方

茱莉亞是約聘員工，多年來在很多公司工作過，她一直覺得職場是很有挑戰性的環境。她說：「我在惡霸手下工作的時間很長。」也因此，過去有很多時間，她覺得完全被壓力困住、綁死了。「我最後休息不上班，醫生還開了抗憂鬱的藥物給我。」她說，「我常常很難入睡，而且認知渙散，很難聚焦。」

茱莉亞後來開始學禪，並且用覺察和關注，來面對自己的心。她漸漸注意到某些模式：「我發現，我的某些感覺一定和我自己的態度與信念有關。」茱莉亞體認到，她很習慣認為自己不重要，因此開會時常常沉默不語，或者在分派專案時躲在後面，但「其他人忽略我、或沒有告知該告知的事，我就會很挫折。」她感受到某些同事對比之下很有野心和魄力，這表示他們常替她做決定，這讓她更加沮喪。

她說，她練習「點亮心燈」（意指自我探問）。透過這個過程，「我找到了盲點。」這是她本來就知道、但一直都未能看到的盲點。她說這「就像是去尋找遺失的物品，只有當你直接在燈下搜尋時，才能發現」。而且，她的問題並非她本來所想的。她從自己可以做到的地方開始：去承認說，她老覺得自己是受害者。「發生負面的互動經驗時，像是有人越界，我發現我眼裡只有自身痛苦。」她理解，抱持著受害者的心態，代表她永遠把問題歸咎於別人，期待別人會改變行為。回首過去，如今她看到自己對同事來說，很可能常常也變成了麻煩人物。

慢慢的，茱莉亞體認到，當她把焦點放在自己和自己的問題上，想著「可憐的我」，然後完全忘記別人的需求，就會出問題。「我知道，我得把注意力從自己身上轉開，去看更大的格局。」當關照的面向變得更廣之後，「我開始理解，同事也有自己的生活、希望和目標。某些讓我最難受的互動經驗，可能跟我本人沒有關係。」大約同一時期，也是她修行成長的一個轉折點：「我看到了自己的本性，明白我跟這個宇宙完全密不可分。」她發現，這個新觀點大有幫助。

「現在，當我覺得壓力如山大時，我還是很容易陷入舊模式裡，覺得自己沒有價值，是個受害者。比方說，開會時，我會很抗拒提問，因為我覺得根本沒有人想聽。」但有差的是，現在她可以更快速就發現，這類心態引發的不快感隱隱作祟。她也可以看到，這些不愉快的感受，對於她的創意和思維造成的負面影響。「我還是覺得，一旦我陷進去之後，要改變舊模式很難。然而，我已經更能敏銳地察覺到自己的感受與想法。一旦我能及早注意到，就能刻意地將注意力從內心可悲的自艾自憐拉出來，轉向大環境、以及身邊的人可能想要什麼、需要什麼，或有什麼感覺。」這給了她自主行動的能力，也讓她感受到更全然的自由。「其他人或許不負責任或行事不道德，但我能以更清明的心、無拘束地去看到底發生了什麼事，並加以因應。」她說，職場仍是很棒的修練場，因為職場不斷地迫使她去檢視自己的思考和行為模式。她還是會發現，自己的心裡有苦，但她鐵了心要好好把工作做下去。「還有很多要學。」

由外回歸到內，化掉職場炸彈

薩瑞娜是音樂老師，任職於一所聲譽卓著的城市大學。她的學生年齡與背景各有不同，涵蓋範圍很廣。而她常需要發送難以開口且敏感的電郵內容，針對演出表現、或是可能的抄襲或作弊情事，表達意見。由於音樂系廣開課程，招收任何達大學程度以上的學生，她發現，學生發給她的難處理且苛刻的電子郵件，與日俱增。「現在，學生會聯繫我要我給建議，也會透露各種私人訊息，包括心理健康狀況。」

多年前，她的系上有個壓力很大、很脆弱的學生自殺未遂，之後她就感覺到，校方施加很大的壓力，更加關注她寫給學生的電子郵件如何遣詞用字，並堅持她一定要維持正面鼓舞的語氣。但隨著學生透露個人資訊並對她提出難以應對的要求，她覺得自己好像「坐在一顆隨時會爆炸的炸彈旁邊」。

薩瑞娜說，她理解「每一個學生都來自不同的地方，有不一樣的問題。我在寫信給他們時，也想表達支持，但我不是輔導人員，這不是我的工作。」她知道她不可以介入太深。「我也只能發發電子郵件，然而，要拿捏好平衡很難。我愈來愈明白，書面文字很容易造成誤解，如果講的又是敏感的主題，更是如此。」

長期下來，薩瑞娜覺得愈來愈疲憊，也少有時間去關心自己好不好。「我注意到，我愈來愈容易被現況激怒、憤憤不平，並開始想要不要辭掉工作。」然而，之前她也經歷過類似的情況，所以得以及早看出自己快受不了的徵兆。「十年前，我在職場上，也碰過覺得難以說不的局面，最後壓力大到破表。當時，雖然我的理智說好，但身體清楚表達出不要。我的身體反應很激烈，頭髮掉了一大半，最後還得去買頂假髮。」她明白，她想離職的念頭，來自於想要逃開或避開現實狀況。「這是一個警訊。我知道我必須謹慎以對。」

在這十年當中，薩瑞娜養成了認真冥想與做瑜伽的習慣。她發現，每天早上的例行公事，確實能幫助她貼近自己，感覺更聚焦，並放下憤怒。「與其空想，我決定把時間花在去感受，回歸自己的真實與核心。」她說，做瑜伽特別有用，「瑜伽幫助我放鬆，讓我的肌肉和姿勢回到中性的狀態，這很像是按摩。」

她開始看清，那些詢問問題、但需要謹慎，且得洞察對方情緒才能回的麻煩電子郵件，攻擊著她、榨乾她的精力。「應付這種事真的需要毅力。」而透過她做的相關練習，她可以更近距離觀察到自己的感受，並理解她用多負面的觀點看待自己。「我覺得很虛弱，但在此同時，我又覺得我做了這麼多練習，應該會讓我覺得健壯強悍才對。」她也注意到，在投注很大心力之後，她會想得到別人的回饋或讚賞。如果得不到，她會覺得很失望。她看得出來，這更進一步耗竭她的精力。

「這種每時每刻的關注、探問與在乎，讓我體察到精力不斷起起落落，包括我內心感受到的能量，以及我和學生之間的能量流動。」她可以敏銳地察覺到，自己希望能對學生展現關懷與慈愛。但要對自己投入同等的關懷與慈愛，竟然是相當困難的事。這個過程讓她深刻省思自己的生活方式，以及她想從人生當中得到什麼。「我很感激，這件事引發了很多的提問與省思！」

當我們檢視自己的態度、習慣和想法，並看懂內在認知與外在現實並不相同，就得以深究自身看法。以下範例清楚指出，這麼做可以大幅改變人際關係的根本，更能從中得到深刻、有價值的啟發，來面對其他棘手處境。

一句話給我的當頭棒喝

詹姆士任職於一家小企業。去年，他注意到他常對經理出言不遜。他的說法是：「她有一種本事，會在我覺得壓力超大時（剛講完電話或是剛開完會），走進我的辦公室，問一些根本不急著回覆、用電子郵件就可以簡單講完的事。」當他的狀態比較脆弱、倉皇時，她的提問就很容易點燃怒火。「我會在衝動之下，就罵出一些很幼稚、不經大腦的難聽話。」等到發洩完情緒，他可能會退一步，想辦法表現得友善一點。

詹姆士注意到，「公司裡很多人也覺得她很麻煩，這讓我覺得自己的衝動反應很合理。」他發現，知道別的同事的感受之後，讓他出現了更激烈兇猛的怒氣。詹姆士感受到一股拉力，拉著他一起用負面態度嘲弄她，但同時又有一股相反的推力，告訴他不應該助紂為虐。這股張力讓整件事更添壓力。

詹姆士在生活中總是要很辛苦，才有辦法好好表達自我，也因此養成了壓抑情緒的習慣。「我做了很多心理治療。然後也嘗試透過禪修，去充分體認自己的感受，並試著表達出來。」他了解到，自己在面對強烈的情緒與控制自身的反應方面，相對缺乏經驗。壓力大到不行時，情況更明顯。他體認到，每次「爆發」時，體內那個受傷的小孩，會「笨拙地說出他難受的感覺」。

詹姆士發現，自己下班之後，也常浮出與她有關的各種想法，比方說：「她怎麼會這麼惡霸、這麼不友善，這個那個的。」他補充說：「我很容易就陷入『她很壞』的想法裡面。這樣的念頭一出現，就替『她很壞』這個牢不可破的形象，增添更多的合理性或能量。」

但他發現，每天撥點時間去公園坐坐，做點練習開闊心胸，會很有幫助。「我發覺，我愈來愈願意接受當下經歷的苦，不再是像過去那樣，把工作丟著，把感覺打包關起來。」他開始用慈悲的角度來看她，把她當成也是想要努力做到最好的人，並根據她所知的盡力而為。當他用更開闊的態度，來面對這些時刻，隨著時間過去，他也漸漸理解了佛性的觀點：我們每一個人，都在這個宇宙中互相依存，在變化流動中生生滅滅。

他開始特別注意，在和她互動時，不要想著「她在我還沒有準備好的時候，跑進來打斷我。」他說：「『親近朋友，更要親近敵人』這句話有如當頭棒喝，當中蘊藏了大智慧！」慢慢的，他試著對她更友善，不光談辦公室的後勤支援和行政，也會聊到其他生活面向，例如家庭和度假。

他說：「雖然到現在，我離心平氣和的境界還很遠。」但他學著「不要在壓力很大時，去處理她的問題」。他採取另一種辦法，力促她用電子郵件，傳達簡單且不緊急的問題，讓他有空時再處理。「但我偶爾還是會失誤，又出口罵人。在憤怒的當下，要找到宏大的慈悲與善意，仍然很困難。」

在上述案例中，詹姆士注意到，他情緒高漲時，「體內那個受傷的小孩」會發出聲音。當我們認為自己的表現很幼稚時，很多人都會覺得羞愧或尷尬，常常會想要假裝自己幼稚的部分並不存在。但就像前文討論過的，否認和壓抑從來不是解決的辦法。另一方面，當我們在他人身上，看到不喜歡的自我面向，這也麻煩。下面的故事就是在講這種事。

轉念，讓慈悲心如泉水湧出

蘿絲以前在業務團隊，她覺得坐她對面的同事很難相處。那位女士「生性非常自戀，總是小看每個人」，也經常鄙視蘿絲本人和她做的事。但那位女士的工作表現的確很出色，蘿絲在想，或許就因為這樣，管理階層才一直沒有去管那位同事的負面態度。蘿絲也承認：「此外，我習慣去討好別人。因此，對那時候的我來說，很難直接和其他同事講她的行為。」一開始，蘿絲盡力把對方視為也有自己的謬見與癖性的人，但「這也沒有用」。蘿絲說：「整個局面還是讓我感到既憤怒又沮喪。」這是她生命中一段很艱難的時期。

蘿絲開始接受心理治療，心理師給了一項建議，是叫她換辦公座位。公司答應了，雖然她只移了一小段距離，但「拉開距離給了我一些喘息空間，開始深究到底發生了什麼事。」她得出的結論是：「隨著時間過去，我明白同事最讓我生氣的點，是她具備我心裡最不喜歡的自我特質，比方說輕視別人、優越感，以及自認什麼都懂。」透過深入探究，她發現這些其實是她媽媽具備的特質，也是她在成長過程中，一直很難面對的。這些已經成為她的一部分，如今又在她覺得很難相處的同事身上重現。然而，只是看到並接受實際狀況，就軟化了蘿絲的立場。她開始將同事的行為，解讀成對方的內在小孩所做出來的事。蘿絲認為，「她的所作所為，就像是受了傷的七歲小孩」。她說：「我終於明白，生命中沒有經歷過重大傷痛的人，不會這麼做。」這麼一想，讓她的慈悲心如泉水湧出。

長期下來，蘿絲找到方法和那位難搞的同事相處，後來更發現，她可以向對方開誠布公談到自己的生活和母親。回過頭來，同事也敞開心胸談論自己的人生。這種拉近兩邊的行動「大幅改變了我們的關係」。她接著說：「很可惜的是，我的同事不會改變作風，但我發現自己也不會再被她踩到痛處，能繼續向前邁進了。」她記得，對於那位同事仍用同樣的方式與其他成員相處、他們也用同樣的態度回敬，這讓她深感同情，也覺得難過。蘿絲知道自己改變不了現狀，但她對同事的理解以及她的同理心，讓她能撐住團隊裡的其他同仁。

蘿絲發覺，當她體認到，同事的惱人行為來自於內心的小孩，這讓她看到了對方的本性：每一個人都會在人生中，經歷各種限制、痛楚與苦難。但在這之下，基本人性是一樣的。

清楚看到現實中的狀況，並坦然認可及接受我們發現的東西，自然能帶來愈來愈深的安定感。這是因為，一旦接受事物本來的樣貌，就不會再被自我中的極度渴望與厭惡所束縛。因此，能感受到踏實、穩定。即便遭遇瓶頸與情緒動盪，仍能持續聚焦，知道就算感覺不舒服，也沒有關係。話說回來，要能保持平常心、沉穩以對並不容易。以下的範例便體現了，事態難免會嚴重失衡，即便我們已能常保平靜與穩定，心仍會被攪亂。

找到騷動之下的平靜

庫瑪擔任管理職，他有好一段時間，都必須做出大家不樂見的決定。他還記得，有時候「其他人會不甘不願接受，有些時候則會引發嚴重衝突與言語攻擊」。庫瑪覺得壓力很大、很焦慮，開始睡不好。

但透過他已養成的正念和冥想習慣，他得以展開覺察，敏銳感知到底發生了什麼事。「在我情緒最難受的時候，我的感覺好像都散掉了，很難保持覺察。」然後，持續不斷的練習後，他讓事情更聚焦：「我對內在狀態的認知更扎實，一切變得更明確具體。」儘管他會對自己感到失望、在工作上仍會感受到強烈的挫折，但他說，隨著他的感覺愈來愈鮮明，「很奇怪的是，我反而愈來愈容易和感覺共處。」

「我的情緒多年來一向穩定平和，但那時就好像我的情緒世界發生大爆炸，生出一朵黑雲，讓其他的事物都變得模糊不清。」庫瑪記住這樣的畫面，他體會到，「波濤盤旋的黑雲剛出現時，看起來除了不斷迴旋的煙塵外，什麼都沒有。但事實上，安靜空曠的世界還是一直靜靜地守在背後」。他明白了：「我可以深入混亂的情緒，找到一直都在的平靜安寧。」

雖然要做到這件事，需要時間和不斷的練習，但他還是在工作上重新找回定心。儘管還是有情緒高漲的時候，不過他發現背後的穩定感，讓他可以因應工作上的事，並能以平常心和同事相處。

第 7 章

面對朋友惱人佛……

有一次，佛陀的堂弟暨常隨侍者阿難坐在他旁邊，身邊還有其他的親友。阿難說：「世尊，有了可敬的朋友、可敬的伴侶和可敬的同志，人生修行便完成一半了。」釋迦摩尼佛回答他：「阿難，別這麼說，有了可敬的朋友、可敬的伴侶和可敬的同志，事實上已經完整地修行人生。僧侶有了可敬的朋友、伴侶和同志，就可以培養並追求八正道。」[1、2]

在這短短的回應中，釋迦摩尼佛強調了僧伽的重要性。所謂僧伽，其實就是我們的親朋好友以及生命中來來去去的人們，我們會花很多時間跟他們在一起。朋友和伴侶帶給我們歡樂笑聲，擁有共同的經歷，同甘共苦，並指引我們一直走在正道上。但無可避免的是，就算是最親近的朋友也有可能惹毛你，甚至必要時，還會挑戰你。而你的責任就是要善用這些機會，好好學習並成長。

有時候，人在面對自認的難題時，很難察覺到自己也助長了一把。我親身體會到這件事。舉例來說，我們可能自認是模範好友，認為不管發生什麼事，只有可能是對方的錯。但就算我們完全看不到自己在麻煩的人際關係中，扮演的角色，可以確定的是，你一定做了什麼。關係是由當事人共同營造而成。畢竟，一個巴掌拍不響。所以很重要的是，要願意開放心態，並懂得質疑自己的行為。就算你不知道問題在哪裡，還是可以問問自己：我還可以做點什麼？透過這樣的坦誠與謙卑，就會帶動深刻的變化。

接下來，我們會看到各種朋友變成麻煩傢伙的情境。在第一個案例中，寶拉會現身說法。她一開始覺得，某個剛認識的人公然表達善意，很自以為是。然而，她們之間的緊張關係，讓她必須面對難題。有一天，她看清楚自己一直很抗拒而且很執著，她明白，放下防衛心亦無不可。而這番領悟也是她人生重要的一課，能套用到生活中的不同面向。這次的經驗，更讓她深入檢視和母親的關係，以及她對於責任義務的感受。這麼做時，她某些防衛行為的根源也開始鬆動。

---

1 八正道是佛陀開示，邁向覺悟的主要道法，分別為：正見、正思、正語、正業、正命、正勤、正念、正定。

2 Thanissaro Bhikkhu, tr, *Upaddha Sutta: Half (of the Holy Life)* (SN 45.2), 2013, www.accesstoinsight.org/tipitaka/sn/sn45/sn45.002.than.html

柔軟、耐心與慷慨，其實不可怕

幾年前，寶拉去上瑜伽師資培訓課程，那是她第一次見到艾琳。艾琳的溫文有禮，馬上就讓寶拉覺得很挫折、很討厭。寶拉還記得，在靜修訓練的前幾天，對方就常以非口語的方式，對外釋出善意，表達出她想要幫忙、想交朋友，但寶拉說：「我就是不想跟人互動，我記得那時我只想獨處。但她一直對我笑，我覺得她是把善意強加在我身上。」

隨著時間過去，寶拉注意到，她對於自己被艾琳激怒，感到很生氣。「我看得出來其他人對她很溫柔，每一個人都很開心她願意幫忙。」但至少在一開始時，她不知道為何會覺得這麼煩。慢慢的，她明白了，這和她覺得「要捍衛自我」與「抗拒放下防衛心」有關。

課程到一半時，來到了轉捩點。寶拉記得，有天早上她比較早到，發現教室裡只有她和艾琳。「當時我覺得有點不一樣，那是一個處理這種情況的好機會。」寶拉說要替艾琳泡杯茶。「這麼做讓我覺得很棒。」她說，「那天早上我很累，我認為，喝杯茶可以幫助我們直達事物核心。我的面具拉下來了，也因為沒有旁觀者，因此我覺得安心。」

日子一天一天過去，寶拉愈來愈能放下心防。「在剩下的上課時間裡，我發現自己其實可以更靠近她，也能開始對她抱以微笑。」她明白，艾琳並沒有要強加給她什麼。「事實上，她就像一本打開的書那樣，只是敞開心胸而已。我後來才懂，能和這個仁慈、慷慨也不自私的人相處，是我的榮幸。」訓練課程結束後，她和艾琳仍保持聯絡，經常碰面。寶拉說艾琳很有影響力，也是很好的引路人（但她說，大部分的影響可能都是在不知不覺中出現）。「艾琳變成一股線，織入了我的生命紋理，這對我來說是最好的禮物了。」

寶拉說，在那之後，「我注意到我在其他情境下，也有同樣反應，像在上課時，或我在靜修期間閱讀時。會有學生靠近我，我察覺他們要靠過來之後，就會想要躲開這股壓力。我明白我身上有些讓人想要靠近的特質，這一點讓我覺得很開心。但是我仍有所保留，不願意完全敞開心門。」

多年的禪修，她看到她之所以有這種反應的可能理由。「我被養育成一個獨立、有自信且有能力的人。小時候，當我為了什麼而辛苦煩惱時，父母總是敦促我，他們會說：『別這樣，妳可以的。』也因此，我認為柔軟和耐性是弱點。」她告訴我，當別人很友善時她就會生氣，他們的柔軟和慷慨，反而會讓她覺得很困擾。

近年來，她在母親身上，看到同樣的「拒絕善意與幫助」的行為模式。「我媽總認為自己獨立又能幹，這大大影響了她的育兒法。然而，就算她年紀漸長且愈來愈衰弱，她還是覺得自己像過去一樣能幹。」由於現實與認知上的差異，她的母親感到很挫敗，也失去了耐性。「這引發了很嚴重的焦慮。為了她，我必須變身成這個能幹、能提供支援的角色，但是她不接受我想要幫忙的提議。當我提出解決方案，她要不就無視，要不就反駁。」也因此，寶拉注意到新的模式。「我無法改變我媽，她就是不接受我的協助。而我發現，我開始改為去幫他人的忙！」

多年下來，她的禪修經驗教會她，覺察到自身的情緒、習慣和模式時，要更加善待自己。「我已經學到不要糾結陷進去，要往後退一步，先傾聽再行動。

長期下來，我已經愈來愈不會被情緒掌控。」對於這段麻煩的母女關係，她也覺得很感激。「一開始就是因為我對於她的感覺，才讓我踏入禪的世界。」

有像寶拉這樣習慣性抗拒朋友善意與支持的人，也有渴求友誼卻不可得的人。下一個範例來自我的人生經驗，講到我因為想融入朋友圈而倍感苦惱，以及到後來我明白，我們都有共通的人性。

那些「小圈圈」教我的事

不久前，我開始培養新嗜好，定期去參加相關的俱樂部。我身邊都是投入很久的會員，一段時間之後，我開始覺得自己是個局外人，闖進一個成立已久、不特別歡迎新人的社交群體。我覺得他們在搞小圈圈，我也體認到這種不愉快的感覺，源自於過去幾次類似的情境。我多次嘗試要與那一群人交朋友，但我感受到一股不受歡迎的氛圍，並覺得他們認為我可有可無。我打招呼時，少數幾人會完全無視。我也發現，他們在活動結束後，會一起出去喝一杯，但不會告訴我，遑論邀請我（事實上，也不會找其他人）。他們會開一些只有他們懂的玩笑，完全不想跟我解釋。我甚至覺得，那些人講的是只有他們會、但我不會的語言。

我認為他們覺得我不重要，而且，我不知不覺也認同這種想法。因此，我開始躲他們，心裡覺得不自在，也不願意再做點什麼，去和他們任何人建立關係。我現在發現，在這類情境下我都會有這種慣性模式。我覺察到我會反覆去想這些人有多難相處，還有我被排斥的感覺有多強烈。即便禪修多年，我也要花很長一段時間，才會想起我能善用這些跑出來的想法，來砥礪或提醒自己，努力培養出更開闊、包容的態度。我努力如實體認、並接受我的閃避行為，明白這是一種避免受傷的心理保護機制。我看到部分的我非常希望被接納，成為全體中的一員。而我也把這樣的「希望」，放進覺察當中，看到了自己的想法，並挪出空間安放它。我發現，一旦這麼做，我就可以選擇不要讓這股「希望」，主宰我的行為。

慢慢的，我和這群人相處時，找回了自信。而和其中的成員一對一交流時，我也可以體會到真正的結緣與人情味。這幫助我理解到，之前碰到的搞小團體行為，並不是他們要惡搞。進一步反省，我想起我也曾是某個老牌社交團體的成員，也曾在有其他「外」人出現時，沉醉於自己是圈「內」人。

當我把這一點放入覺察裡，並努力不要去批判，就能漸漸理解到，我和這一群人基本上有共同的人性。而這個狀況也點出另一件事：沒錯，表面上看來，每個人都根據自己的條件、經驗和傾向，而有不同行為。但在這之下，有一個永遠恆在的共通整體。而我們要給自己機會，才能看得出來。

朋友之間的問題有可能突然出現，也有可能在檯面下醞釀很久。如果是遠距關係或是泛泛之交的話，尤其如此。以下的範例，講的是由於雙方必須近距離接觸的時間，長到超過一般狀況，導致本來就在發酵的不良人際關係大爆發，變成怒氣沖沖的對抗。然而，發洩情緒最後為這段關係帶來解脫與療癒。

這個範例說明了，就算長久以來已經壓下深深梗著的情緒與不滿，但把這些東西發洩出來仍有意義。

衝突的力量

賽門早在十五年前，就認識妻子的閨密楚蒂，自此之後，他們一直相處得很不好。賽門的妻子和楚蒂從小就很親密，兩人在結婚生子之後仍往來密切。賽門覺得楚蒂「毫無幽默感，喜怒無常，總是希望事情按她的方式進行」。賽門還記得，每次兩家人聚在一起時，「我總是放下不快，對什麼事都一笑置之，以維持平和的局面。」但幾年下來，她對他的折磨愈來愈嚴重。而他也開始反擊對方的霸凌與鄙視。

最近，賽門一家和楚蒂一家，到楚蒂的鄉間小屋一起度假。他回憶道，當他們抵達時，在一段上一次聚會劍拔弩張的記憶觸動之下，「馬上逼得我發火。」賽門常常會忘記要在生日等節慶，送張卡片給太太。有一次楚蒂發現他在太太生日時，居然沒送卡片，「她開始訓斥我。」他說：「我感覺到她想要開戰，為了維持和平，我非常努力地不要參戰。」但就算他用盡全力，「等到她拿我和她先生相比，說他永遠都會記得送卡片，這時她點燃戰火了。」他們兩人爆發一場衝突。賽門記得，兩人氣瘋了，不惜把過去的情緒，一一宣洩出來。「我說她是惡霸，就喜歡主導別人。」她則說賽門一直高高在上，以為自己最好，覺得自己是眾人間的王子。在這場爭吵結束時，賽門覺得這是一場讓人發顫的角力。「我去找我太太，跟她說我們該走了。」

他的妻子想辦法安撫他，隔天，這兩人盡力避開對方。冷靜幾天後，賽門去找楚蒂，對她說抱歉。「我那時可以說出我對她的憤怒，還有她用不尊重的態度對我，我有何感想。」賽門接著說：「我覺得自己對這個小團體也有貢獻，我也同樣在乎，只差在我的表現方法不同。」他們同意，兩人都有希望受到尊重的界線，還有，雙方表達愛的方式並不相同。「這是我們關係中的轉捩點。」過了幾個月之後，現在的他和她相處起來，是前所未有的融洽。

賽門認為，一開始的爆發和接下來的對話，解開很多事，累積多年的壓力終於完全宣洩了。「我不確定再早一點的話，我們能不能這樣對話。」回顧過去，他認為，這可能需要兩邊都早一點用坦誠的態度相待，兩人才有辦法對話。「我其實可以試著更有氣度地面對她。但印象中，我常在背後講她的壞話，對朋友發洩怒氣，用不對的方法對錯誤的人表達情緒。」不過就現實面來說，他們居住的地方相隔甚遠，沒辦法常見到彼此。「這種慣性行為累積了十五年。當然，當我們聚在一起替孩子過生日或聖誕派對時，誰也不想來一次開門見山的對話。」要是他們相聚的時間比較短，「就比較容易吞忍下去」。賽門說：「我猜，這一次是因為雙方相處的時間比平常長，才促使我們有所行動。」

透過這段過程，賽門明白自己有多不喜歡被誤解，更討厭別人頤指氣使。他發現，造成這些反應的源頭最可能是他的童年。「我是家中與家族中年紀最小的孩子，我總覺得自己是發育不全的小傢伙。」這次事件讓賽門看到自己的報復心、憤怒與防衛的一面，以及渴望別人認同他對家庭也有貢獻。雖然他自己並不喜歡這些面向，但他說，透過禪修，「我得以用愛自己、接納的態度，來面對。」

他也找到辦法，用同樣的慈悲心，來對待妻子的閨密。「當我處在憤怒與受害的狀態，對方在我眼中只是一隻怪物。這隻怪物引發了問題，不在乎別人的感受，沉溺在懲罰的心態當中。」但隨著時間過去，他開始明白，她的內心深處也是一個不快樂的人。他的憤怒和厭惡變成傷感和同理，特別是，他體認到「所有的負面情緒和生理緊張，一定會傷害到她的身心系統」。他對我說：「在我看到的憤怒與惡意外罩之下，我瞥見一個好人。我很努力挪出空間，開始在我們的關係中，營造更多坦誠相待的時刻。」

接下來這個範例，讓我想起禪學中常用的一個比喻，用來說你和別人緊密接觸時（比方說傳統上住在寺廟裡的僧侶），修行上會發生什麼狀況：生活在與他人密切接觸的環境中，就好像是被丟進磨石機一樣。一開始，石頭有稜有角：年輕僧侶在過往經歷和受的苦的影響之下，會有很多成見、意見、習慣和想法。例如，我的師父就記得，他住在禪寺時的頭幾年全無隱私可言，甚至萌生了希望大家都消失的念頭！但慢慢的，透過在磨石機般的禪寺裡和他人相處碰撞，這些尖銳的稜角開始磨圓了。理想上，當年輕的僧侶從磨石機的另一頭出來時，應該就會成為經過雕琢的美玉。在以下這個範例中，當事人和冥想團體中的另一位成員發生矛盾。惟背景不是禪寺，而是一般的日常生活。在老師的協助之下，當事人學著把兩人間的互動當成一種映射，從中看到自己卡在哪些舊習慣與成見上面，同時也點出了，他們在哪些地方應該放手。

練習把反應，當成「鏡子」

幾年前，盧卡參加一個冥想團體，經常去上課，慢慢也變成團體中的重要成員。過沒多久，他就發現團體中的另一位成員奧麗芙，非常難相處。他記得，奧麗芙「算可愛、可親，願意為團體付出」。但她有些行為觸怒了盧卡，讓他很受不了。她為團體付出，自願去做很多事，但盧卡說：「我覺得，她自認為沒受到該有的重視。她常對我說，她覺得沒有人在乎她的努力。」盧卡也覺得她對團體裡的某些人，態度很負面，常在背後批評他們。「我注意到，長期下來，奧麗芙的很多小事和她的行為，帶來很深的負面影響，讓我愈來愈難和她相處。」

盧卡記得，他多次在很生氣時，去找團體中的主要任教老師，並問老師他要怎樣才能和她繼續合作。盧卡問老師有沒有注意到奧麗芙的行為，如果有的話，他為何不出聲？盧卡覺得，「老師一直都耐心對待奧麗芙，永遠不會表現出任何批判」。盧卡希望驗證自己的感覺，但老師既沒肯定、也沒否定自己有沒有注意到同樣的事情，也不去講他是否認為盧卡的情緒與想法有所本。

老師再三要盧卡放心，他說這就是參加這類團體的目的之一。他鼓勵盧卡，把這次的經驗當成契機，練習接納、容忍與耐性，並要堅持不懈地去理解她行為背後的理由。他也建議盧卡，檢視自己的挫折和憤怒從何而來。「我漸漸放軟態度，檢視我從每一次和奧麗芙的互動當中，學到什麼。」他原本以為，唯一的問題就是她的行事風格，他會萌生挫折感，完全與他這個人無關。

但他逐漸體會到，這是單方面觀點。「我體察到，這些全都是批判的想法與固執的看法，包括她『應該』不一樣、要展現出不同的行為、理應更認真檢視自己的問題。」他也反求諸己，當她對這個世界有些想法（可能是對人、對態度或對事件）、而他不認同時，他的挫折感從何而來。

盧卡決定要多向奧麗芙提問，理解她的過去與背景。「慢慢的，我更能理出她的過去與苦處，從她的觀點看事情與理解她的行為。」就算他不能完全理解，也「愈來愈能接受她這個人本來的樣子」。他花了好幾年來放軟態度、學習接納，他看得出來，未來還有很多待努力之處。「我不時還會注意到，她講的話或做的事，讓我很惱怒。但我同時也可以用更包容、更慈悲的眼光，來看待她的行為和我的反應。」盧卡非常感激有奧麗芙，他才有機會去學這套漫長的人生課題系列，懂得面對麻煩的行為，以及把他自己的回應當成鏡子，看清現在卡在哪裡、還在執著什麼。他說：「對我來說，奧麗芙真的是一位惱人佛。」

第 8 章

面對鄰居與室友惱人佛……

與他人密集共處，可謂一大挑戰。別的不說，光是要避免對方激怒你、或惹毛你，就是很困難的事。有時候，問題也不在於別人做了什麼。我們討厭的，是對方這個人、他們的天生個性或個人癖性！

而鄰里間的紛爭，通常起於最微不足道的小事。但要是不謹慎處理，很快就會變成大問題。我認識一個人，他和妻子以及三歲大的孩子住在大樓裡，樓下鄰居要求他們，不要讓小孩在地板上重重踩來踩去（鄰居覺得聽起來是這種聲音），讓他們覺得很憤怒。他們已經用塑膠墊覆蓋整層樓的地板，除此之外已經無計可施了。鄰居一次又一次提出要求，後來更小題大作請來警察。之後，兩家之間的問題不再是噪音，更在於兩邊的冥頑不靈，與拒絕接受對方的觀點。

當人覺得「自己占理」，會非常想堅持己見，就連妥協的可能性都予以駁斥。最後，變得為了堅持而堅持，花費大量心力證明自己是對的，或是設法在爭論中勝出（比方說，為了幾公分的邊界爭議，把鄰居告上法庭）。我們都知道這麼做會引發很多痛苦，那為什麼還做？這是因為，當人們脆弱的自我認知受到威脅，理性很快就奪門而出，我們會盡一切努力確保自尊安全。

另一方面，持續的紛爭引發的負面感受與壓力，會造成各式各樣的生理反應，包括緊張、消化不良和噁心。所以，為了自身健康，不管做什麼，只要有助於你發洩憤怒、憎恨、挫折或怒氣，就是好事。但有時候，重點在於知道何時該抽離出來，也有時候，你可能需要更具體的行動，像是好好散個步、去按摩、做點瑜伽，或練習正念冥想。

達賴喇嘛說過：「覺察到自己心裡有一個缺點，比覺察到別人身上有一千個缺點更有用。」[1]而坦誠、開放的正念練習的用意也是這樣。正念練習讓我們去注意到，自己受到制約的反應、意見、執著的想法，以及慣有的維護自尊機制，並看到自身缺點，也給我們機會選擇新的行事做法，進而離開苦痛，轉向友善慈悲。我們可以試著從別人的觀點看事情，盡量從好的方面去想，或是以友善的態度回報（比方說，向對方表達歉意）。

1 The Dalai Lama, *Ethics for the New Millennium*, Riverhead Books, New York, 2001

說到底，如果你可以在發生問題之前，先和鄰居或室友培養出友善（甚至是真摯）的關係，那就會讓局面大不相同。中國有一句老話很有智慧：「鄰舍好，無價寶。」如果你和對方已經培養出正面的關係，和麻煩人物之間的問題幾乎不會惡化到哪裡去。

以下的範例中，前兩例要講的是，當我們覺察到心理的花招，發現自己很快跳到結論，並有既定印象或認知時，會產生什麼結果。我們先來聽聽派崔克講停車的問題，如何惹惱他。透過誠心地探問之後，他觀察到以這整件事來說，他心中會編派出很多批判性的敘事，並且想要去歸咎責任。當他進一步檢視自己的想法與假設，他得以用全新層次的接納、理解和知足，來看待整件事。第二個範例則提到，隨著迪利看清室友這個人，他對室友的初始印象也隨之粉碎。由於他堅持要維繫兩人的關係，因此得以重新詮釋對方的難相處，並扭轉了局面。

半個車位的領悟

派崔克住在從街尾算過來的第三棟房子裡，這條街很小，只有住戶能停車。停車的地方在狹長且沒有畫格子的街道上，和行進方向同向停車（英國的小鎮很常見這樣的安排）。一般來說，派崔克的鄰居都比他早下班，剛剛好把車停在自家門口，這樣一來，整條街上只剩兩個半的停車位。但等到派崔克下班時，他通常只剩半個停車位，到最後只能去另一條街停車。

「每一次發生這種事，我都覺得很火大。他們基本上是占了兩個車位，我也會開始譴責鄰居自私。如果他們都稍微往前面停一點就好了！」然而，多年的冥想練習，讓他可以特意去觀察內心的批判與歸罪過程。他還記得，他想著：「他們不應該這麼做，應該要更體貼一點才好。」但他心裡有另外一個聲音出現：「他們可能不是故意不體貼、並非故意讓我沒有地方停車。」他注意到這些「應該」與「可能」等此起彼落的不同想法時，他記得自己「開始嘲笑自己的心居然用這種方式，來自我糾纏」。之後，他注意到，在開車回家的路上，有一部分的自己居然預期又會如往常那樣，發生停車問題。而他又會像過去一樣，浮現批判性想法。這樣一來，他就可以好好自嘲！

即便這個停車問題並不是派崔克造成的，但他發現他的心一直在想辦法插上一腳。「無論我多麼努力接受事情本來的模樣，我的心就是會找到方法發表意見，刻意地去處理或為現狀找理由，或者找個人來罵，讓我覺得自己沒有錯。」派崔克體認到，這是他自然而然的傾向。

他提到，他慢慢把內心聲音，當成「出於友善與善意，只是沒有受過太多教育，就像是小孩提出的天真簡單建議」。這讓他得以用新的視角，體察並接納自己帶有批判的想法。

「我可以體會到，這些想法不是一種打擾，不需要消除，反倒是要用耐性和好奇心相待，就像在對待小孩子一樣。」他因此體認到，他在生活中的很多面向，也有類似的批判、責怪傾向。他記得曾自問：「這樣的模式是對我有好處，還是會讓我遠離自己承諾過要奉行的戒律[2]與正思、正語之道？」[3]

派崔克說，他很高興鄰居一直用這種方法停車，因為這讓他有很多機會近距離檢視自己。「我可以透徹地看到自己的心在想什麼，比爭贏『誰停在什麼地方』更有價值。」對他來說，這是一種小小的開悟經驗。

派崔克說，如果時機成熟、他覺得適當時，他肯定會和鄰居談一談這件事。「我很確定，在有所領悟之後，不管我最後開口說什麼，我都不會太情緒化，甚至還可能帶著幽默感。但我也認為，貿然提起這件事，只會對我自己有利。我已經花了這麼久調適。而去講這件事情，頂多對我有利，最慘則是會讓鄰居覺得很糟糕，原來多年來他們的停車法這麼沒有效率。」

第一印象，不一定就是真的

迪利和一位女士同租一層樓約六個月。從他們第一次對話開始，他就知道

2 承諾要過著戒殺生、戒說謊、戒偷盜、戒淫行、戒飲酒、戒執著於錯誤、戒自誇或貶低他人、戒吝嗇、戒嗔恚與戒奢華的佛道生活。

3 這兩者是八正道之二，其餘為正見、正業、正命、正念、正勤、正定。

兩邊不合拍。他一開始的印象，是她很冷漠且神經大條。前幾個月他很辛苦，不知該如何面對她很重的防衛心。他們截然不同，沒有任何明顯的共同興趣。

到了這個時候，迪利禪修已經約有十年了，他說：「習禪教會我，第一印象並不一定就是真的。」在最初幾個月，他們有點彆扭地討論烹飪和打掃等居家生活。這類對話成為了小小的契機，讓他開始透過新眼光看待她。她在家工作處理客戶申訴，因此他看得到她專業的那一面。他不諱言：「看到她用一貫、專業且冷靜的態度，一次又一次面對發怒、沮喪的顧客，我很訝異。我開始把她外顯出來的冷淡，視為是務實、能幹 、不慌不忙的個人特質。」他很驚訝地看著她面對各種議題卻臉色不變，而且適應力極強。「我看得出來，她在很多方面都比我強很多。」

他告訴我，透過練習，他得以對自己一開始對關係的批判、以及相處上的難題，有一定程度的覺察，而且願意讓事情維持本來的樣貌，沒有立即逃避。「這樣的空間與澄澈，讓我能重新看待她。」現在，他覺得和這位女士共租公寓更安心了。

迪利反思了修禪為他帶來什麼：「我發現，每一次遇上令人挫折、煩憂和苦痛的人事物，都讓我更迫切想要深入修禪。而在生活中遭遇難處、起了磨擦，也會激勵我行動，並讓我有動機，盡量去檢視到底發生什麼事。」

在接下來兩個範例會看到，當事人在面對難搞人物時，產生了更明顯的生理反應。我們會聽到一場和遮光罩有關的紛爭，這讓艾倫猛然陷入困境。他知道自己不得不做的決定，會讓鄰居很生氣，他的身體因此長期累積緊繃，痛苦不堪。而找到技巧釋放身體的緊張之後，艾倫發現他可以更清楚地傳達心意，慢慢和鄰居重新培養關係。在下一個故事裡，我們會聽到，史考特講到他那位難相處又黏人的室友，經常讓他分心，打斷他平靜的冥想練習。他被人從愉悅的狀態拉出來，隨之而來的憤怒變成催化劑，引導史考特更進一步觀察發生了什麼事。史考特開始把他的憤怒當成一種信號，指向他還沒完全接受室友以及事情本來的樣貌。這對史考特來說，是非常深刻的一課，讓他體會到，靈修的目的不只是要達到平靜與心平氣和而已。

執著不解、僵持不下……正是時候觀照身心

這個例子中的惱人佛是露西亞。艾倫第一次見到她，是幾年前他開班教授正念課程時，露西亞是學生。露西亞很愛這門課，課上得很順利。幾年前，艾倫和妻子及小寶寶搬進有私人門禁的社區一樓，後來發現露西亞就住在樓上。

在這個社區裡，一樓是公共空間，沒有明確規定可以做什麼、不能做什麼。艾倫想要在公寓外面的露臺做一點木作，擋點夏日豔陽，因此他去徵求鄰居同意。他特別問了露西亞的意見，因為他需要在她家的外牆釘一些梁柱。她一開始答應了。

然而，等到艾倫買齊所有材料、東西也送來之後，露西亞改口說有別的想法。「她認為她晾的衣物，可能會碰到木梁，而且她也擔心不能像過去那樣欣賞花園。」艾倫去找她談，講到他太太和小寶寶住在這棟日曬充足又炙熱的公寓裡，真的很辛苦，有沒有遮光罩對他們來說，真的差別很大。他建議「只要她把床單多折一摺，就不會有任何問題」。但她不確定。

艾倫和自己爭論著要不要繼續做下去。他爸爸贊助很多錢，幫忙他購置了許多材料，他覺得對父親有責任。他感到非常兩難，一方面，他要顧慮到露西亞和她的感受，也希望敦親睦鄰。但另一方面，他也體認到他太太和寶寶的需求。「我覺察到我的身體很緊張，即便是現在講到這件事，我都還感覺得到胸部和腹部，有一股緊繃感。」他說，這種緊繃感引發的不適，使他「日子過得魂不守舍」。

艾倫覺得「自己已經竭盡所能，但還是找不到解決方案」。他說：「到頭來，我必須面對衝突。我決定，即便我知道會讓露西亞難受，我也要直接做遮光罩。」可想而知，露西亞不高興。他還記得，露西亞多次用發怒來表達感受。艾倫當然道了歉，但他說，他是因為她原本說好，才買下這些材料。

「我知道她的行動並無惡意，她只是不想被占便宜。在我靜觀時，我可以體認到，我們都有共同的人性。」艾倫覺得兩人都在現有處境與條件的限制下，做到最好。但他也承認，自己並不總是能馬上想到這一點。

他注意到身體在這段期間變得十分緊張，之後，艾倫找到了甩動運動，這對他來說是一個大發現。他覺得，甩動大大有益於釋放積壓已久的緊張，幫助他放下，並處理他的神經緊張感和顫抖感。現在回想起來，他說：「我發現，人面對棘手情境的方式——是用僵化的身體、封閉的心態，且不去覺察生理上的緊張，還是放開身體、心胸開放接納，並充分察覺到身體如何回應當下的困境，會造成很大的不同。」

找到釋放緊張的技巧之後，艾倫就算在走廊與露西亞巧遇，也不會覺得這麼難面對了。而他也可以更輕鬆把心裡話說出來，誠心誠意地問候她。他說，慢慢的，他可以和她重新培養關係。

看見精神病室友的佛性

史考特念大學時住在一棟很大的分租房裡，當時的他已經禪修多年。他搬進來之後沒多久，其中一位室友就開始很黏他。「我希望事情順順利利，每個人相處愉快，但這傢伙就是無法自己一個人。他老是跟著我在屋子裡轉來轉去，一有機會就想跟我講話。他會滔滔不絕，針對每一件事發表看法、宣揚他為何不喜歡這個或那個，老是一個接一個話題亂扯。」

時間久了，情況更糟。「這位先生沒事做時，他會跑來找我。他常為了要我聽他講，就打斷我的冥想，而且我還不能插嘴或挑戰他的觀點。」他說，他認為自己和對方對現實的認知，完全不在同一個層次。史考特後來發現，對方有思覺失調症。

史考特開始躲起來，出去散步很久，只為了遠離此人。然而，就連獨處時，他都感到很焦慮，不停在想「他在哪裡？」「我很氣他，氣到根本無法放下。」史考特說，他原本經常能靠著冥想，來到美好的平和寧靜境界，但這位仁兄「攪渾了一池水」，害得他脫離那些愉悅的狀態。「我認為他擋住我的路，妨礙我做『重要的靈修練習』。當時我不認為處理憤怒，也是靈修的一部分。」他說，隨著時間不斷過去，這股憤怒扯得他四分五裂。「真的很折磨。」

長期下來，他覺得有一件事很明顯，那就是「發脾氣」並不能帶他脫離這個局面。「我試過各種逃避方法，但我最後明白，唯一有用的辦法就是面對，而且要全心面對。」唯一的解決之道，就是體認、並完全接受對方與對方的病症，還有對方造成的影響。「要接受他本來的樣子。」史考特繼續說：「長期下來，我把憤怒視為信號，這代表我想逃避，沒有完全接受他本來的樣子。但每一次我不接受他，就會引發更多的痛苦。」當史考特開始接受對方本有的樣子，他也漸漸看見與理解對方的苦。「最後我找到一個，我或許可以愛他的點。」

有一陣子，他這位室友非常憂鬱，還威脅著要把房子燒了。「那時，我們試著帶著他搭火車回老家，找他爸媽，但他逃掉了，還跑去找警察。在警察局時，他發狂了，大吼大叫，又跑走。後來警察找到他，把他帶去精神病院。」他最後回去和父母一起住。

很久之後，這位先生和媽媽一起回到這棟房子道別。史考特說：「他好多了，我看得出來他媽媽很愛他。」當他媽發現，住在這棟房子裡是怎麼一回事時，她就明白她兒子做不到，這樣對他也不好。「我第一次理解，離媽媽這麼遠對他來說，有多辛苦。」

現在史考特懂了。「我很感激他幫助我面對自己的憤怒，讓我學到如何接納。沒有這次這麼強烈的體驗，我永遠也看不出來我有這些黑暗面，他幫助我把這些攤在陽光下，看得更清楚。」在此人離開、史考特的情緒強度漸漸消退之後，他才看到對方的真實佛性。

本章的最後兩個故事，闡述了當我們可以開放心胸、並且更慈悲地看待麻煩人物，會發生什麼情況。之前提過，在惱怒、氣憤或憤慨等感覺很強烈時，通常很難做到這一點。在以下兩個例子中，當事人都需要抽離看事情，並特意練習敞開心胸和保持親愛善意，才做得到。第二個例子讓我們看到，有時候人必須先愛自己，才有能力把善意擴及麻煩人物。有的時候，需要長期展現善意與慈悲，這些元素才能在麻煩的人際關係中，真正顯現出來。但是，努力總是會有回報。因為這會讓我們更理解自己，也會改變我們和自己、以及和難搞人物之間的關係基礎。

面對討厭鬼，想像身體有很多道門……

菲比亞之前住在一棟很大的分租屋裡，過沒多久，她就開始覺得，大部分的室友都很討人厭，其中一名女子更是讓她特別生氣。「她講話好大聲，看起就一副虛偽討好的樣子。」一開始，菲比亞很努力去接受這名女子，自我克制不予置評。她說，要是表達出自己的負面感想，真的和對方說其行為有多討人厭，她怕自己會變成「壞心的佛教徒」。而挫折沮喪一段時間之後，她說：「我開始痛恨這個人，基本上她沒做什麼錯事，但我就是討厭這個人。」

慢慢的，菲比亞刻意嘗試，「開啟覺察力，去看這位女士的行為，特別是她的大聲嚷嚷」。她說：「我冥想時，會想像身體有很多道門。而開啟覺察力，就有點像是刻意去打開這些大門。」菲比亞和對方互動時，她試著任由對方的聲音蓋過她的，不做任何批判。「我有點像是被閃電擊中了，覺得身體裡面有什麼東西噠的一聲扣上，胸口感到一陣撞擊。」她繼續說，「之後冥想時，我腦中冒出了許多關於自己的人生、態度等事，並感受到對此人的愛，不由自主哭得淚流滿面。」對菲比亞來說，無論兩人有沒有當面互動，她都決定要把這個難相處的人放入心裡，是很大的轉變。

如今，菲比亞很感激這位女士惹得她心煩。這件事讓她有機會檢視自己身為佛教徒的態度，並理解到把負面感受隱藏起來，只會讓問題雪上加霜。「這次經驗教會我，如果我能注意到自己很沮喪，而且不要抗拒或否認，那麼，情緒就不會累積到要爆發的一天。這也讓我知道如何打開我的大門，讓別人進來。」菲比亞明白，多年下來，和像這位女士這樣的人互動的經驗，逐漸教會她和各種人培養出包容、坦白且充實的關係，不用管對方是不是難搞人物。

以「慈悲喜捨」，學會愛自己也愛他人

安德魯和蓋瑞相識於大學時，兩人很快就變成好友。安德魯是蓋瑞的伴郎，也是他第一個小孩的教父。幾年後，安德魯搬進蓋瑞家的一間空房，以房

客之姿在他家住了八年。他對我說：「這段期間，我們的關係出現很不健康的模式。」安德魯覺得蓋瑞愈來愈難相處。安德魯說：「和蓋瑞在一起時，我總覺得，那些自我批判與論斷始終縈繞在心頭，甚至更加壯大。」對安德魯來說，與蓋瑞的互動方式，違背了他的本心。而在那八年期間，這種行為模式，更深深烙印在他身上。

安德魯大約在五年前搬了出來。他還記得，離別時充滿傷痛，他對於分道揚鑣也感到焦慮。但同時他也覺得鬆了一口氣，「可以脫離這段關係的桎梏」。之後幾年，安德魯覺察到，他對於老友的行為和對待他的方式，仍感到耿耿於懷。「這變成長期的問題，就算我已經和他沒有聯繫，問題也還在。」

安德魯繼續說：「我心裡有一個堆滿憤恨和苦澀的倉庫。當這些負面想法出現，尤其是我在冥想時，我知道我應該相信這些都不會長久，但它們一次又一次跑出來。」他說，他覺得自己生活在一個長滿憤恨的園子裡，周圍都是狂長的怒意。「我一直修剪新冒出頭來的東西，完全看不到這份園藝工作哪一天會到盡頭。」他慢慢體認到，問題不在蓋瑞，而是「蓋瑞召喚出我心底本來就有的創傷」。

透過冥想，安德魯開始培養「愛自己」的態度。「每當我陷入『現在該怪誰』的心態，我就會把『善意』這個詞放進我的感受。」他看到這樣的善意很全面，涵蓋了所有面向。「這可以套用到所有的憤恨、種種我『應該』／『不應該』要去解決或改變的念頭，也可以套用到蓋瑞、我，以及一切事物上。」這麼做時，他注意到重點從「他」受的苦，轉化為單純的受苦。「所有的問題都融進善意裡。」

他最近把習禪靜修的重點，放在「四無量」[4]冥想。安德魯花了很多時間，把慈悲套用在特定情境中，他認為「療癒效果絕佳」。他也可以「真心感受到，蓋瑞與他的妻子迎來第四個孩子的歡愉」。這個寶寶降生於安德魯和他們同住時。安德魯說，當時，他的感覺只有憤恨。他還記得，後來他找到一種深刻的互相連結感，發現「我的微笑與他們的微笑，都是相同的微笑」，以及

---

4 四無量指的是慈悲喜捨，由日本東嶺圓慈禪師推行，成為臨濟宗禪修的主流。

「直覺認定他們的快樂，就是我的快樂。因為世界上只有一種所有人都共享的快樂」。

這番經驗在安德魯心中注入一種信任感，讓安德魯相信世間有恆常存在的普世喜樂。「雖然憤恨和苦澀的感覺還是會冒出來，但我知道普世喜樂總是在不遠處。當我的內心對話轉向評估對方是好是壞、有沒有在利用我，或者是誰對誰錯時，我知道從人的本性觀點來看，這些都不重要。眾生平等，這讓我大大鬆了一口氣，也感到很滿足。」

經驗讓安德魯明白，當心思忙著打轉，不斷地「在各種念頭與說法之間跳來跳去」，就很難安定下來。反之，「當注意力集中在身體上，就比較快能平復下來。」安德魯反省自己的經驗之後說：「我可以跟隨著身體的感官，注意到這些感覺並接受它們。之後我就發現，個人所受的苦變成了非關個人的苦，不屬於特定個人。」就這樣，他更能和種種的苦和平共存，並能應對世間眾生要承受的、無邊際之苦的根源。

第 9 章

面對伴侶惱人佛……

世尊開始過著苦修與僧侶生活前，是北印度一個小國的王子，有妻有子。大家都認為，他很愛妻子。當他開始糾結於何謂人生，以及人為何受苦等問題時，也會向她傾吐。到最後，他想要悟道勝於一切的願力，讓他走向遠離妻子的獨修之路。但他顯然，也帶著從多年婚姻生活中學到的很多東西一起修行。

佛教經典《增支部》裡有個小故事，講釋迦摩尼佛向一對夫婦講述，哪些人格特質，能培養出良好的人際關係。這兩人是那拘羅的雙親，那拘羅則是釋迦摩尼佛最初的弟子之一。他們坐下來之後，那拘羅父對佛陀說：「我與內人自幼青梅竹馬，成人後結為夫妻。我對她不曾有任何不忠的念頭與行為。我和她今世有緣相遇結髮，願來世還能再結連理。」之後，那拘羅母也對佛陀做出同樣的告白。

他們問祂，如果希望關係豐盈美滿，該怎麼樣過生活。釋迦摩尼佛說了：「你們二人都必須具備相同的信仰，一起持守清淨的戒律，一起行善布施，一起學習正法、增長正見，唯有如此才能夠使你們來世相聚，再續前緣。丈夫與妻子，兩人都有信念、都能回應彼此的需要、都能自制、根據佛法過生活、以愛的話語相待，就可以多方獲益，幸福源源而來。」[1]

而關於建立良好人際關係的必備祕訣，佛陀說，彼此認同、求同化異是最重要的：與自己和合，也要與對方和合。祂也把和合分成四個不同面向。

- **具備相同的信仰**：有意走在相同的道路上，生活中的方向一致，可能還要有相同的信念體系。
- **一起持守清淨的戒律**：對於何謂真實或正確，兩方要協調一致，並要有相同的道德觀。
- **一起行善布施**：在為他人付出、布施上，兩人行善的程度、形式、態度也要契合。
- **一起學習正法、增長正見**：以類似或是相投的觀點，來看待與判斷事物。

---

1 Thanissaro Bhikkhu, tr, *Samajivina Sutta: Living in Tune* (AN 4.55), 2013, www.accesstoinsight.org/tipitaka/an/an04/an04.055.than.html

這是美好的理念，我們身為別人的伴侶，也有責任要達成這種美好理想。但現實中，事情不見得會這麼美滿。在這方面，用之前提過的禪寺僧侶生活和磨石機比喻來講，會有幫助。我們可以說，和伴侶共度人生，就像是住在一處只有兩人的寺院，或是進入一部只有兩顆石頭的磨石機。沒錯，每一次的碰撞都會痛（有時還很痛），但也都是學習、成長與磨平彼此尖銳稜角的好機會。

磨石機要不停轉動，我們也要持續調整兩人之間的配合步調，或者要體認到，雙方並不一致、並重新協調。這就是磨合。伴侶可以幫助我們學習與發展，也可以在關係中互相砥礪（這很重要）。你常會聽到，有人要的伴侶是「讓我完整」的人，他們把自己描述成一個半圓，要找另一個半圓，來拼出完整的圓。我也常常聽見，有伴的人用「我的另一半」來指稱伴侶，但成為某個人的另一半，真的是我們渴望的嗎？畢竟，如果要向外尋找幸福或完整（從伴侶身上或任何事物上），那一定會埋下讓自己受苦的種子。

一行禪師說，伴侶關係就好像兩座園子併成一座。每個人都帶有一些雜草的種子，像是憤怒、恐懼、歧視和忌妒，也有美麗花朵的種子，例如慈悲、理解和愛。如果澆灌痛苦的種子，就會長成痛苦恨意。要是澆灌慈悲的種子，就會長出愛與善意的花朵。因此，唯有先善於選擇性澆灌自己的園子，之後才有足夠的智慧，在伴侶的園子裡澆灌出花朵。

禪宗婚禮儀式中，也蘊含了這個象徵寓意。一開始，新人要從左右兩邊走上聖壇，兩人要各執兩支蠟燭，一紅一白。蠟燭代表內心的對立：人的陰與陽。如果你想的話，也可說是光明與黑暗。兩人面前會各有一支中型的蠟燭，雙方要用手上的兩根小蠟燭點燃。這象徵他們的修行之路，也就是要靠著理解「二」、或者說非對立的觀點，找到解決方案，化解心中的對立。接下來，他們可以拿起眼前的中型蠟燭，走到聖壇上的一支大型蠟燭面前，一起點燃大蠟燭。這一步象徵他們的道路合而為一，承諾支持彼此並一同修行。透過婚禮儀式，雙方都體認到個人的成長與發展也同樣重要，並承諾要透過這份關係，幫助對方成長。

接下來，有兩個不同的範例，提到伴侶如何變成惱人佛，以及雙方透過這樣的經驗學到了什麼。第一個案例，會發生在任何有伴的人身上（或者，某種程度上，我應該說**將**會發生）。第二個範例則說明，兩人撕破臉後，反而孕育出成長與自我探問。

面對關係裡的傻眼與火大，好好說

自從第一次見到妻子之後，約翰就發現，「她常會全然投入在別的事情上，比方說閱讀或看電腦，完全沒聽到我在講什麼。」氣氛比較輕鬆時，他們會開玩笑，講說他說的話都儲存在她的內部等候系統，等她把自己的事情做完後，就會重播。有時候妻子記的還算精準，但多半會斷章取義。當他沒這麼輕鬆、不太有耐性時，就會覺得她這種習慣讓人火大。而且，約翰也想到，要是情況對調：「我認為，她幾乎隨時都可以跟我說什麼。我會擴大注意力範圍，去聽她在講什麼。」

不過，約翰發現，太太並不是有意這樣做的。「她並沒有決定忽視我，只是聚焦在別的事情上時，她的大腦就是記不住我說什麼。」他補充：「我覺得這是我們誰也改不了的局面。我就想，我的責任就是接受她的行為。」這持續了好幾年，但他並沒有因此比較不沮喪，反而情緒無法好好宣洩、不斷累積。約翰說，在他比較疲弱（而且難以自制）的時候：「我會用被動式攻擊，或事情過了，說起話來還是不饒人，來表達積壓的情緒。」然而，這必然會引發衝突：「我會打從心底覺得自己很糟，也一直認為這是我的錯。」

反省過實際上發生什麼事之後，約翰決定，當他感受到挫折時，要直接面對妻子，不要只是試著接受而已。他找到了方法告訴她，當她不聽他說話時，自己有何感受（「排除有幾次，她連這些話都沒聽到的時候……」）而「冷靜坦承地描述我當時的感覺，是更健康的表達方式。」他發現，他愈是經常這樣做，情緒能量就不會像過去那樣累積，他也覺得更輕鬆。「回過頭來，我的妻子開始注意到，她不聽我講話時，我有多挫折。」而他也注意到，雖然她的行為是無意的，「但光是知道這樣會造成什麼結果，發生的次數就開始減少了。」

約翰現在明白，他很專注於做某件事時，偶爾也會聽不到別人說話，或拖了一下才回太太的話。他說，明白這一點之後，「讓我更能原諒與接納她的行為。」

把自己當成，在火中盛開的蓮花

安瑪莉結束她那段狂暴的婚姻至今已有六年。她形容，這段婚姻是「一場業力之火的嚴酷考驗」。她說：「我那身高一百九十五公分的先生，帶著憤怒的能量走進我的生命。每幾天他就會大發脾氣，這變成我們關係中的主要模式。」她發現這極難處理，而且很讓人困惑。也因此，她開始質疑一切，去檢視實際上發生什麼事，並以「學術般的態度，仔細檢視我自己和我的人際關係。」她不太知道什麼理由讓他大發脾氣、怒意從何而來，也不斷在想她會什麼會喜歡這個人。雖然她之前也遇過有點麻煩的人，但並沒有任何一次像現在這樣，讓她深入檢視自我。「問題太嚴重，根本無法視而不見！」

安瑪莉一開始從醫學領域下手，希望有所幫助。「我讀遍了關於人格動態學、心理學、苦痛、癮頭、文化模式、家庭和依附創傷的文獻。」她試過幾次心理治療，後來無意間發現不一樣的方法：禪宗佛學。她發現，禪修中的覺察知與慈悲、不批判的自我探問，以及一對一跟著師父修行，對她來說是最強力的一套工具。

透過禪修，她慢慢地「感受到了清明與力量，一步一步爬出自己不知不覺淪陷的深淵。」她說這「像是光天化日之下，在我面前放上一面鏡子。」她和禪修師父會談時（師父與弟子間，自由且不受限的會談稱為參禪），師父會騰出一個空間，讓她可以安全地發洩憤怒怨氣。「我可以檢視憤怒怨氣，又不會讓這股火，燒毀我人生的其他面向。」她覺得能碰上她的師父極為幸運，深深感激他提供的所有協助。

當她放開心胸，慢慢就能營造與守住一個空間。在這個地方，她可以清楚看到、並完全體認這把怒火。「當這股能量釋放並改變，我開始觸及到一種深層的痛。」她丈夫的行為，讓她能意識到否認心態、被壓抑的憤怒和受阻的能量。她發現，這些東西都源自童年。「童年的經驗教會我，要接受他人的暴力、攻擊行為。另一方面，表達自己的怒意，反而對我來說不安全。」因此，她學會深深鎖上自己的情緒。她明白了，這些似曾相識的暴力與攻擊特質，也就是她丈夫一開始吸引她的部分理由。「當事情逐漸明朗，我看出他的行為和我媽小時候所做的事情很相似，只是後者更嚴重。」隨著時間過去，她看出了不容質疑的暴力模式，在他家族中一代傳過一代。

也因為這樣，她第一次能去愛她先生本來的樣子。到了這個時候，他們仍在一起，她把自己當成「一朵在火中盛開的真正蓮花」（蓮花是佛教的傳統象徵，代表人在苦難中，仍得以領悟、保持清淨，並展現善意和理解）。「有一天晚上，我夢到一列火車撞上鐵軌的盡頭，就在這時，我明白我們之間結束了。」她知道自己要下火車，開始走路了。「我馬上就離開了他。我愈來愈強壯，並感到更加完整、更有智慧。」她繼續說：「透過持續的練習，我逐漸可以面對人生其他方面的苦痛，一層一層，包含了憂鬱、焦慮，還有深層的跨世代依附創傷。那些年，我把很多東西從身心中釋放出來。有時候，甚至是透過實際的甩開動作來完成。」

當他們還在一起時，安瑪莉就已經可以看透她先生的內心，她稱之為他的「能量特徵」。這是指，去除他孩提時代被傷害造成的影響之後，最根本的他是怎樣的人。她知道，根本上的他並未損毀、壞掉或無可救藥。「他是一個流動、多變、互依的存在過程，就像萬事萬物一樣，都是宇宙的一分子。他只是無法控制怒氣。」

現在來看，她體認到自己之所以維持和先生的關係，部分原因是期望他們能一起療癒。「但到頭來，他無法和我一起走上這條路，對此我感到很難過。」雖然她認為可以在關係當中求進步，但對他來說時機不對。她在兩人離婚之後寫了一封電子郵件給他，這是一個轉捩點：「我感謝他與我多年相伴，並成為我的老師。他說他懂。」

一行禪師將關係比作園藝，只要學會選擇性地澆灌自己、伴侶，以及你們共有園子裡的愛與善意花朵，你們就成為兩人僧伽（這是佛教用來指稱社群的詞彙）。而你們兩人可以一起庇護第三人、第四人，就這樣繼續下去。這麼一來，你們的僧伽就會茁壯。在接下來幾章會看到，讓我們遭遇棘手狀況的社群非常重要，不可低估。透過這些社群，人可以學習與成長。而他們也能提供支持，幫助我們度過艱難時刻。

第10章

面對家庭惱人佛……

知名現代靈修導師拉姆·達斯（Ram Dass）說過：「如果你覺得自己已經開悟了，和家人共度一整個星期看看。」[1]人一旦回到成長的家庭環境中，那些辛辛苦苦得到的洞見和更成熟的處世態度，很容易就被拋到九霄雲外。而且，常常會陷入離家前主導自己多年的負面行為模式。

除此之外，家人很有本事踩到我們的痛點。而那可能是你特別敏感的想法或議題，且追根究柢通常是我們小時候發生的某些事。舉例來說，你爸看到你的新髮型時挑眉，會讓你抓狂。或者，你姊每次講到你十二歲時的「那件丟臉事」，你就很不爽。手足特別厲害，很知道要戳哪裡，才是連對方都不自知的地雷區！長大後，憤怒和鄙視會使我們故意去踩對方的痛點。然而，關係中最具毀滅性的行為模式之一，就是故意擊中別人的痛處。這麼做，除了帶來更多痛苦與不快樂之外，別無用處。

然而，如果你已經養成覺察和接納的習慣，也花了時間自我探問，當有人想要踩你的痛點，就會變成很珍貴的大禮。在以下範例中，就會看到這種情況。事實上，對方踩你的地雷，是把焦點拉到你內心仍會受到擾動的面向。一旦你明白，他們很努力想要激怒你，而你也出現習慣性行為的徵兆，就有機會喊暫停，去體察到底發生了什麼事，並決定接下來要如何因應。

成長茁壯為大人很棒，但當家裡的人無法看到、或理解我們內在的變化，繼續用過去的態度相待，就會出現很麻煩的局面。我就記得，我的親朋好友曾經多次製造出這類場景。從小，每一個人都會和父母培養出某種類型的關係。但隨著我們長大離家，不見得每一個人還會踏出重要的一步，從兒時的親子關係，轉化到一個新的關係。你可以把後者稱為，邁入超成人關係，或是真正的長大成人。有些人的父母很有智慧，讓這樣的過渡自然而然發生。但對某些人來說，他們的人生大部分時候，多多少少被困在小孩的角色裡，用舊有的習慣和行為模式和家人相處，並造成了很大的痛苦。

以我個人的經驗來說，最後這一步有點像是螃蟹長得太大，導致自己的硬殼不敷使用。而受控、受限與卡在老模式裡的感覺，很讓人痛苦。當然，有些

1 https://www.ramdass.org/ram-dass-quotes/

人想要改變的動機或希望很強烈，為他們帶來了能量、帶動成長。但常常，迫使自己跳脫窠臼，是更痛苦的事。我知道有些人就覺得太難以承受，因此停滯不前。然而，如果我們奮力繼續邁進，最後擺脫桎梏，這股自由會讓人大大舒展。長期下來，這樣的改變，會讓當中的每一個人都成長，並找到新的基礎重建關係。調整需要一段時間，而且，雖然這個過程本身就會引發麻煩，但這通常代表你走對路了。你會覺得完整且自由。我們會在以下範例中，看到這些階段的各個面向。

前兩個故事，再一次強調了，身處糟糕的關係時，注意自己的生理感受，有多重要。法蘭科後來理解了一件事：他和父母之間不愉快的互動，導致他身體積壓了許多緊張和僵硬感。這個觀點很重要，深刻地提醒了我們身、心與情緒之間的互相連動，也讓人知道，緊張和抗拒會以很多方式表現出來。之後，會來聽聽露絲的故事。她體悟到，自己困在對母親的想法、說法和責怪當中。然而，隨著她學習傾聽覺察身體，發現這麼做可以打斷她慣有的思考模式，讓她慢慢不去責怪。這大大影響了她與母親溝通與聯繫交流的能力。

原來，我一直活在無明中

法蘭科記得自己的童年很幸福，小孩想要的東西他都有了。但等到他慢慢長大，每次他和父母說話，總是會以憤恨、難過與遭到誤解收場。「我把自己的問題全怪到他們頭上，我覺得完全被困住了。」如果他們說了什麼，讓他有被質疑的感覺，他會「反覆回想，覺得深受困擾，完全無法放下」。他記得自己會在心裡，為這些負面情緒找各式各樣的理由。

法蘭科修習禪學與正念之後，開始檢視自己的心：「我明白了，原來我是被自己的無明世界卡住。我既有的想法、觀點和意見，把我困在小小的框架裡。在那時，我完全看不到除此之外的任何事物。」他說，他在這個框架裡「靜靜地受罪，覺得疏離孤獨」。而修習禪學與正念，讓他找到方法打開這個框架。「慢慢的，我開始看到更廣大的互相連結關係，包括我和父母、我與我所生活的環境，以及我和整個宇宙之間。這是包含著整個宇宙的互相連結，完全沒有個人的問題，無得亦無失。」現在，他和父母互動時：「我會注意到，我的情緒、以及底下的負面想法浮了出來。但我知道我不需要去回應它們，只要體認它們存在就好。」

大約就在去年，法蘭科開始更加勤練瑜伽和氣功，也因此發現自己的身體很僵硬、不靈活。「一開始，我把原因歸咎於，多年來我都在跑步和騎車。但後來發現，至少有一部分的僵硬，是來自於我每次和麻煩人物互動之後的緊張。就這樣一點一點的，我的身體愈來愈緊繃封閉。」如今，每次他和父母對話，或者每次和其他惱人佛導師相處，他都會努力去注意身體因此出現的緊張，並接受這就是他舊有的慣性模式之一。「現在我可以選擇刻意放鬆，讓身體再度舒展開來。」如今法蘭科明白，他的身體會有這種反應，是因為他自己在很多方面，還以分別心的觀點來看世界。而看透人我有別的根本錯覺，是禪學的核心。「一旦根據人我有別的觀點處事，就會需要去捍衛什麼，就會有什麼讓你覺得憤恨、受傷。」

時至今日，法蘭科很感激身體發送給他的訊號，提醒他還有這麼多愚痴顛倒的想法。「我很感謝這麼多年來『點燃』這些信號的所有惱人佛，尤其是我的父母。」唯有到了現在，他才能真正看到、並理解父母有多麼愛他，而且一直都這麼愛他，用他們的方式去愛。

好好安放感受，穿越母女關係的傷痛與破壞

露絲長大之後，心裡一直很責怪母親。她認為是母親在她小時候做的事，造成了現在的她。露絲念大學時，她刻意一年到頭都不回家。她知道這讓母親很傷心，但露絲就是希望能不聯絡就不聯絡。露絲對媽媽的想法是，「她喜歡控制，一有機會就批評我，而且想要影響我的人生。」露絲這樣說這段長期逃避的經歷：「我們偶爾講電話，我會很不開心，而且很粗魯，跟她說她正在嘮叨，還有這些話我以前全聽過了。而我也會邊做別的事，讓自己分心。」她覺得這樣的交流模式讓她全身緊繃，更感到憤怒。她記得，每次他們聯絡時，她總是會出現這些慣性反應。

幾年後，露絲開始禪修，檢視自己所受之苦的本質為何。「我過去一直從概念和想法的純理性世界，來看待我和我媽之間的問題。」然而，當她開始不帶批判地覺察身體感受，就有辦法不去責怪了。「覺察練習阻斷了我的慣性反應，給了我空間。但這不是遙遠疏離的空間，而是滋養個人的地方，讓我可以看到因為受苦、而出現的種種不良影響。」這樣的自我探究讓她閉上嘴巴，真正去傾聽，比方說，「我的胃部有一種針刺的痛感，這是我很不想要的。」她說，隨著時間過去，「我可以敏銳地覺察到，身心各種不舒服的感受。」

雖然和媽媽聯絡，仍然會讓她感到挫折和煩心，但她現在也注意到自己有了新想法：「我怨恨她並逃避她，這不是佛法之道。」不過，她也把這種想法當成另一種批判，擱在一邊。她知道，她真正的任務，是要繼續面對心中難受的感覺。「我想要離開過去一直身處的痛苦之地，放開苦楚，這份渴望讓我有動機繼續修練。」當她學著理解創傷，開始練習瑜伽，把努力的重點放在生理層面，她也漸漸體認到，自己可以畫出邊界與建造圍牆，把受的苦放好。

「這段過程真的、真的非常辛苦，是我人生中一段很動盪、艱難的時期。

然而，當我學著容許、並把自己的感受深深安放好，我發現，我可以不要用負面態度回應，也不逃避，而是與媽媽更親近。我放軟了尖銳的反擊態度，也有了更多善意和慈悲。」她也做了實驗，用其他更好駕馭、且同樣有益的方式，和母親溝通。比方說，傳訊息或寄送實體明信片。

露絲決定，把和媽媽講電話的時間，當成練習全心全意身在當下的時間。「在安排講電話時，我會確定我有充裕的時間，把所有令人分心的事物都放在一邊。全神聽我媽的喋喋不休。」她知道，要跟媽媽溝通總是很困難。但由於她的努力，她注意到有了實質變化。「我媽最近說，我現在對她很好。」露絲注意到她媽媽也禮尚往來，回報這份好意。

不久之前她去參加禪修，母女之間的關係也轉變到新層次。「冥想時，我總算能看到媽媽的本貌與真實狀態。那樣的她，沒有了成長之苦以及現實生活的束縛。」發生這樣的變化之後，露絲心中對媽媽，湧出了一股非常自然的慈悲之心。「我已經不像過去那樣，需要努力和嘗試了。我開始看到媽媽本來的樣子，覺察到她內在的幽默。我可以很輕鬆地自然和她交談。」

幾年前她完成受戒典禮，正式承諾奉行佛道，露絲記得，當時她必須向父母磕頭。「當下我做了這個舉動，但心裡並不認為真的必要。」不過最近，露絲感受到一股排山倒海的渴望——她真心想要向父母磕頭。「於是我問我的師父，我能不能在他面前，向父母再磕一次頭。這次我是真心誠意的。」

在下一段故事，可以看到亨利想要讓父母肯定他所做的事、卻不可得，導致親子關係難解。也因此，他覺得自己必須說謊，情況也讓人很不自在。透過內省，他明白，自己難以和父母相處，實際上是反映出：他在看待自己、以及他想成為什麼樣的人等事情上，很沒有信心。

禪，究竟是什麼？

亨利二十五歲時就開始禪修，已有十年經驗。在這麼長一段時間裡，他認為，有需要讓別人看到與認同他的靈修成果，尤其是他的父母。「我爸媽總是用憂慮疑惑，來看待我對於禪修的興趣。他們從來不想談，大部分時候都刻意避開這個話題。」他爸媽是無神論者，他覺得，他們恐怕對任何宗教或靈修活動，都懷有偏見。「我不能談禪修，這變成了一個真正的『問題』，也凸顯了就算我很想好好相處，但我們之間根本沒有交集的現實。」也因此，亨利會對父母謊稱自己在做的事。例如，明明在禪修，卻說自己在工作，言行完全不一。

等到他們好不容易聊起這件事，過程卻讓人很不自在。「爸媽可能會隨口提一件會惹惱我的小事。例如，他們會指稱冥想有點自私，這種事困擾了我很多年。」老是被激怒讓他覺得很心煩，他想：「禪修的目的，本來應該是得到平靜。」他接著說：「但對我來說，這帶來的完全只有虛偽。」他有滿心的疑惑。同樣也讓他難過的是，他之所以感到挫折，是因為某種程度上，他也同意爸媽講的話。「如果我不是多多少少也這樣認為的話，他們講的話就不會在我心中激起漣漪。」

亨利現在才懂，這些都是他禪修的養分。慢慢的，他理解到問題不必然在他們身上，更多在於他自己的態度與信念。「我並沒有有意識地生活。我體認到，自己看事物的觀點一定出了什麼問題。」

他想著，父母「經常挑戰我對禪修的看法，以及我詮釋禪的方式，但他們也只是在做自己。」當他們再度提出類似的質疑之後，出現了重大轉變。「我跟我媽說，『我想聊一聊禪。』我媽回，『你知道，以後禪，就是你自己，那時候你就不用再聊禪了。』」亨利記得，那時他覺得這句話真是真知灼見。「這真的是當頭棒喝，因為我知道，我希望禪變成我這個人不可分割的一部分，而不是什麼特殊或不同的事物。」

我問他，他是不是體認到，「禪並非實質、有形的事物」。他說：「正是如此！」並補充道：「我愈來愈覺得，禪不會輕易消失，甚至也不可定義。我如今在更偏體驗的層次理解禪學，我之前不太能做到。」他發現，他不再那麼常和父母聊禪學了。「我不像過去那樣，想說服他們或希望說明禪學。他們會看到我冥想，但不會質疑了。」他對父母說，如果他們擔心禪學會對他造成任何影響，「請注意我的狀態就好。如果我變成更好、更和善的人，那就沒有問題。」到目前為止，他們也沒有再抱怨。

接下來兩個範例的中心要旨，是主角對事情的發展有所期待、現實卻並非如此，或情況不符合期待，讓當事人極為痛苦。在第一個範例中，克萊夫說，只有和父母修復關係，他才有辦法感到快樂。然而，每次他想要和父母討論自己的問題時，卻遭到強烈的抗拒。接著，我會講到自己的生命歷程，我很希望我媽媽做一些事，但那些都非她能力所及。我們會看到，我和克萊夫逐漸接納父母本來的樣貌，並接受各自的處境。在我的範例中，我發現我必須悲悼失去我很渴望的人，才能做到這一點。在這兩個範例裡，「接納」最終都帶來更大的自由和輕鬆感。在承認自己沒有能力去改變父母後，對我們來說，同樣重要的，就是即使相處不易，也能維繫親子關係。範例中講到的一些技巧，讓我們得以和父母共享天倫之樂，同時把痛苦降到最低。

原生家庭：一門學習「覺察與接納」的課題

克萊夫是四個孩子裡的么兒，在成長的過程中，他一直覺得自己是「群體裡最不重要的人」。從如今長大成人的觀點來看，他體認到：「以我家的狀況來說，我一定很早就學會深埋自己的感覺，變成另一個不同的人。但等到我長大上了大學之後，我其實希望有人能看到我的面具，聽到我說不出口的心聲。」這幾年間，他心中藏了很多對父母的苦澀與憤恨，覺得都沒有人看到自己，非常孤單寂寞。

在心理治療師的協助下，克萊夫開始體認到，他的童年是苦痛的源頭。即便痛苦，但他光是體認到，自己因為那些問題而受苦，就讓他有解脫感。「到後來，我開始認為，唯有治好我與父母的關係，我才能快樂。這種想法讓我對他們產生某種依附。」在極度想要得到治癒的渴望之下，他有段時間常和他們聯繫，並試著和父母討論他的感受。然而，父母完全無意檢視、或討論他們過去的所作所為。慢慢的，他覺得，「再往這個方向走下去，對我來說並無益。」

直到他明白，要復原，並不需要處理為什麼他小時候會發生那些事情，才真正改變整個局面。「要好起來，可以透過覺察與接納現在的我，完全無涉我的父母。」一開始他靠的是心理師協助，之後則透過修習正念和禪學。他單純去探索、感受生理上的痛苦，是怎麼一回事，不去管隨之而來的想法與說法。

長期下來，他對練習覺察、接納和不批判，愈來愈有信心。慢慢的，他能享受由內而生的自由感。「過去我和父母的對話，總是有計畫性、小心翼翼、戰戰兢兢的。後來，我發現自己可以更輕鬆自由地與他們交談。這真是強烈的對比。」

回顧過去，克萊夫和父母關係的改變速度其實很慢，有時候甚至很難看見。「然而，關係不再劇烈起伏。」從現實面來說：「我發現，在和他們見面前後，躲進安靜的地方待個半小時到一小時，極有幫助。」他會用這段時間來覺察，體認和父母相處時引發的痛苦，所造成的生理影響。他挪出空間，安放這些感受。「這就好像為了和他們碰面，特別打造一個除塵室，讓我有機會把留在身上的苦清乾淨，之後再返回正常生活。」之後，他也開始在日常生活中找其他的小空間，特別是他要面對麻煩的互動之時，這樣做讓他有機會真正進入自己的感受、容許這些感受存在，讓局面穩定下來。「我以前最討厭和父母過聖誕節，但運用這些技巧之後，我甚至還開始有點喜歡了。」

另一項大變化，是他體認到，自己感受的痛苦與個人或自我無關，而是一種非個人的、或者說是集體的苦。「我開了眼，不只看到我自己和遭受的苦，更拓展了視野，看到整個世界相通的痛苦。忽然之間，問題就變得簡單多了，我也感受到一股慈悲從內心深處湧出。」這股慈悲不只是對他自己與父母，範圍之廣遠遠超過個人層面。

雖然他有愈來愈滿意和父母的關係，但父母還是為他帶來了很多要學習的人生課題。「他們教會我的是，原來我可以做這麼多。」他和父母相處時，生理上還是會出現很多反應，但他已經知道如何更巧妙地處理這些狀況。「挪出時間，真正地承認與接納所有感受，需要付出心力並嚴守紀律，還需要有很強的意志力，才能保持心定。」但長期下來，他的禪修技巧和經驗不斷強化。他對父母也愈來愈有信心，愈來愈信任他們。「跳脫直覺式反應，進入更穩定、開闊的心境，不再陷入混亂的內心小劇場中，會比較輕鬆。」他觀察到，自己常能保有平常心，愈來愈能做自己，互動起來也更加輕鬆自在。

「希望我媽變成正常的媽媽」

前文提過，我十三歲時，母親和繼父碰上一場車禍，我繼父死亡，我媽後來截去了雙腿和一隻手臂。發生這件事之後，我就沒什麼機會做青少年了。我媽盡她最大的努力照顧我和我妹，但她能做的很有限。我要花很多的情緒能量與注意力，來協助我媽過生活，還要面對上學與放學之後的日常生活挑戰。我二十四、五歲時，開始接受心理治療與禪修。此時我才明白，我有一股極強烈的渴望，希望她是正常的媽媽。一開始我認為，這只是空泛的挫折感。但長期下來，我開始更具體地看出，我非常渴望與她肢體接觸（她本來就不是很喜歡觸摸別人的人。她行動不便之後，尤其又要坐輪椅，更阻礙了她與他人的肢體接觸）。我希望她可以和我一起做點什麼事，像是來大學裡看我、更能接住我的情緒、更有想法一點。理智上我很清楚，她為何無法給我我想要的東西。但這不重要，我還是想要。

我也希望她可以盡可能過著完整的人生，就像我們一樣享受各種事物。在某些時候，我和我妹曾經試著帶她去戲院、去海灘、去露營，或是去林子裡好好散個步。這些都是實務上可行、但對她來說很困難的事。即便是相對單純的活動，比方說去有無障礙設施的戲院，對她來說也很有壓力。因為她的焦慮感，會壓過從中得到的任何歡愉。對她來說，整體的經驗是負面的。

她花了很長的時間，才接受自己什麼做得到、什麼做不到。但我想，我跟我妹妹花了更久的時間，才有同樣的體會。不過，一旦我承認了，我在親子關係中想要（但得不到）的東西是什麼，局面就慢慢變得溫和許多。「接受」是一段耗費多年的過程，我覺得過程中我在悲悼。我很希望她成為另一個人，但我已經失去了這個人。我慢慢體會到，我向她要的，必須是不一樣的東西。

隨著時間過去，我們之間的關係來到自在美好的狀態。我學會妥協，排好共度的時間，基本上這樣就可以避開最惱人、且最糾纏不清的問題。我會把探訪她的時間，限縮到最多只有幾天，盡量不要對她有什麼期待。這表示，如果她努力做了什麼，例如花了幾百英鎊，叫來一輛可承載輪椅的改裝計程車，來參加我的畢業典禮（即便這會讓她倍感壓力），或者她在我太太也一起來過聖誕節時，做了一些特別的事，都會讓我非常感謝。

學著放掉我希望她成為的那個樣子，並接受她本來的樣貌，這整個過程對我來說是非常重要的一課，讓我懂得「想要」和「期望」會引發痛苦。到最後，我理解就因為我希望她變成另外一個模樣，讓我無法清楚看到「真正的她」是什麼樣子。而我的所作所為，也阻礙了我們培養關係。

這並不代表日後我就不再辛苦掙扎，因為我還是希望，有些事她到生命的最後一刻，都不要輕言放棄。我也真心希望，她偶爾願意和我太太娘家人共度聖誕節。她拒絕了，她很清楚規劃安排和找廁所，會讓整件事變得很麻煩。但我察覺到，有一部分的我，還是很希望能看到這種場面。

到目前為止，我們聽到很多和父母關係不睦者的故事。而接下來兩個範例的重點，則在於麻煩的手足。蜜雪兒的例子，再一次說明了覺察體認的重要性——尤其，當我們陷入想法和說法，想著誰說了什麼、他們為何這樣說、他們做了什麼，以及推論接下來該做什麼，更該把注意力轉向自己的身體與感受。唯有這樣，我們才能與自己的身體同在，才有希望坦誠表現出自身感受。

接著，要來講保羅以及他們家在他父親過世後的事。保羅發現，承認每一位手足與每一份關係都有不同的立場，放下各式各樣爭論誰對誰錯的說法、敘述與意見，非常重要。他最後發現，自己要做的就是接受實際發生的事，不管多痛苦或多讓人困惑，都不能逃避。

原來，真正重要的不是對付和反擊……

蜜雪兒一向覺得，她妹妹很讓人火大。「她經常故意踩我的痛處、刻意惹我，只為了激我生氣。」不過蜜雪兒發現，禪修很能幫忙她面對妹妹的挑釁行為。然而，她們最近在聊一些芝麻蒜皮的小事時，兩人對話的情緒強度又慢慢拉高：「我覺得我妹在挑釁我，意圖激起一場戰爭，最後我輸了，完全失去理智。我發了一則很惡毒的簡訊給她，但我一按下傳送鍵，就回復理智了。」她理解到：「我被思緒困住了，完全沉浸在『我妹很難相處』的想法中，然後以慣性回應。」

她領悟到，自己忙著「謀劃」最好的方法，來對付妹妹，操控局面，而不是在有感受時，如實坦率地表達出來。蜜雪兒對我說：「這提醒了我，與麻煩的人互動、情緒能量升起時，需要拿出一定的力量，才能身在當下、保持真誠、坦率誠實。此外，要摸索、學會不同化解情境的方法——不只解決問題，也安頓好自己，更需要時間。如果當中還有強大的舊習作祟，更是如此。」

面對家庭的裂痕，我們有什麼選擇？

保羅的父親幾年前過世了。在父親過世前後，保羅的妹妹瓊安做很多讓哥哥很傷腦筋的事。首先，她缺席家裡另一個兄弟的婚禮，理由是要去探視可憐的老爸。保羅覺得很奇怪、也很難受的是，她探視過後，居然沒告知大家爸爸的最新狀況如何（保羅就會報備）。之後她說，等到爸爸走了，她不會參加喪禮。

當保羅接到消息說爸爸快走了，他馬上跳上第一班火車。「途中，我接到瓊安的電話，她一直質疑我為何還要去。那時候，這個問題和她的態度，都讓我覺得很挑釁。接著我收到簡訊，瓊安說她改變心意了，現在也要飛過來。」

在這當中，有一件事讓保羅很感恩，那就是在父親臨終時，他們四個兄弟姊妹都來到父親床邊。

當晚稍後，大家吵了起來。這一次瓊安的態度和之前不一樣，她選擇和保羅的繼母珍妮站在同一邊。後來大家要離開時，一位表親把四人拉到一邊，對他們說，在他們的父親過世前不久，珍妮要他改變遺囑，現在什麼都是她的了。

保羅說：「我覺得沒問題，因為我能繼承的也不多。」但瓊安堅稱這不是爸爸想要的，她對大家說，爸爸告訴她想要把所有財產都留給孫輩。保羅覺得很困惑也很受傷，他和手足們思考著，或許需要挑戰新遺囑，因此他們同意他先代表家族，去問問當地的律師。接下來幾個月，他就開始做這件事。但他很意外聽到，很多律師過去幾個星期已經先和瓊安談過。瓊安樂見他們要挑戰新遺囑，現在她宣稱他們的父親答應由她繼承一切。

保羅不諱言，瓊安的欺騙與不信任行為，在家中造成了大裂痕。大約有一年的時間，保羅都很掙扎，完全不知道該怎麼辦。他在想到底要做什麼，是不是任她胡搞瞎搞就算了？當欺騙一事浮上檯面，瓊安就不再和其他兄弟姊妹講話了。另一方面，有很長一段時間，保羅的生活也遭遇許多困難。

恰好，保羅此時也愈來愈認真練習冥想和禪修。他開始試著弄清楚自己的感受，檢視每一位家人的想法。「我先怪了瓊安，但之後，我明白她的所作所為並非針對我，只是她的觀點很不同而已。」他認為，這是找到更有智慧的觀點的第一步，也就是明白「每個人都有自己的想法」。約在此時，一本書裡的某一句話，讓保羅心頭一震：當代的一行禪師說，如果你不是真正理解對方，就沒有辦法愛這個人。於是，保羅寫信給瓊安：「在這封信裡，我表達了失去一個妹妹是什麼感覺。我真希望事情不是像現在這樣，我很難明白她的所作所為。」他要求與她見面，聽聽她的說法，瓊安答應和他喝杯咖啡。

保羅說，在碰面的時候，「我將禪的技巧與實修方法，體現出來，講出我的感受，不去批判瓊安的作為。」保羅認為，要變得更有智慧的第二步，就是「傾聽」。然而，瓊安迴避他的問題，岔開話題，不去談到底發生什麼事。他們道別時，保羅很失望。「接下來幾年，我很掙扎，不知道要怎樣面對各種『應該』。比方說，她是我妹妹，因此我應該愛她。或者，我應該更努力一點。」

慢慢的，他理解到，他是用批判的態度見她。他表現出來的樣子彷彿在說，如果她說的話和她提出的解釋夠好，那他可能會原諒她。「如果要先理解她才能原諒她，這是有條件的原諒。」保羅不想把人生耗在，等著她解釋為何做那些事，也不想再囤積對她的負面感受。「我原諒了她，這讓我可以開始誠心希望她過得好。」

現在他理解，如果「她不做點事，接受她對自己所做的事要負責任，並真的承擔責任」，那他們的關係就不會有變化。他明白，「兩人在溝通時，妹妹的行為通常沒什麼幫助，常常還帶來更多問題與痛苦」。因此，保羅努力放下想與妹妹培養出不同關係的渴望。「當你希望對方快樂一點，但他們沒這個打算，事情就很難處理。」

就保羅來看，瓊安還深陷於匱乏心理：她滿心恐懼，需要依附物質。他知道她不是大惡人，她就跟大家一樣，再平凡也不過了。他說，事實上，「我也清楚體認到，我有匱乏與恐懼的心。還有，這些都只是一些她習得的行為，是我們家給她的特定生活環境，造成的結果。」他們的父親已經過世十年了，這段期間，保羅發現了變得更有智慧的第三步：「放下所有說法、祈求和渴望，單純接受事物本來的樣貌」。

本章最後的四個範例，主角是小孩。（就讓我們面對事實吧，小孩大部分時候都是惱人佛！）小孩教我們的其中一件事，就是如何安住當下。小孩（尤其是小小孩），總是活在當下。他們不擔心未來，也不會為了此時此刻不在眼前的任何事煩惱。從這一點來說，他們是很了不起的小禪師，不管做什麼都體現了真正的「初心」（鈴木俊隆在《禪者的初心》〔*Zen Mind, Beginner's Mind*〕一書裡也談到這一點）。但即便如此，他們也會讓人挫折、難相處、無可理喻，甚至調皮惡作劇。再長大一點，他們的麻煩程度看來有增無減。但孩子們可以在許多方面，繼續教我們許多很深刻的東西，讓人學會保持耐性、謙卑、信任，以及無條件去愛。

首先會提到，莎拉與先生為了孩子的聖誕禮物發生的爭執，如何給了她機會，讓她深切反省自己的信念與態度。接著，則是安東尼奧的故事。他碰到的事在現代社會屢見不鮮：成年子女，搬回老家與父母同住。雖然這帶來很多麻煩，卻也讓他有成長與學習的機會。在這兩個範例裡，主角都體認、並接受讓人不快的身體反應，與隨之而來的心理風暴，並深刻體悟到為人父母的責任，以及「放下對事情的期望」的真義。

原來，我可能錯得離譜

自從莎拉開始冥想與禪修以來，她注意到自己的態度很強硬固執，尤其牽涉到她的丈夫以及教養責任的時候。

「我們要從小為孩子訂定界線與規矩，但我和先生的童年經驗差異，引發了磨擦。他來自保守、嚴格而且宗教信仰虔誠的家庭，責任感很重。我家則很自由，是無神論者，在規矩方面也很寬鬆。」她體認到，她現在的教養方式，透露出了她小時候經歷過的行為模式。

一開始，他們兩人都很堅守「我對、你錯」的立場，用很強烈的態度回擊對方。「之後，當我開始冥想、檢視內心，我慢慢覺得，自己恐怕不見得在每一種情況下，都是對的。」有一個例子特別明顯：她和丈夫對於該替孩子買什麼聖誕禮物嚴重分歧。「當我獨自一人坐在車子裡冥想，突然想到，我僅百分之九十五確定自己是對的。一想到自己可能是錯的，我盡我所能不要用直覺反應，而是觀察身體裡各式各樣的回應。」她坦承，「以那件事來說，我是錯的。」

莎拉承認，在面對批評、她的意見或想法遭到質疑之後，她通常的行為模式是發怒。「隨著時間過去，我明白這毫無益處，只是自我放縱而已。」回顧過去，她想起自己經常這麼做，這讓她啞然失笑。

她記得，「當我明白我的想法不一定是事實之後，我有了重大改變。」在這之前，她一向認為自身想法沒有問題。莎拉發現，她能在沒有體認到這一點之下，活成今天的模樣，還真是了不起。在練習正念與習禪之前，她只有在二十出頭時，嘗試去理解心事。當時她承受極大壓力，於是接受了公司的諮商服務。但她說，她從中學到的，大概就是要在很沮喪時，去搥坐墊。

她對我說：「負面想法通常出自於慣性模式與信念，我們有很多焦慮都源於此。」她也看出，慣性思考助長了很多她和丈夫之間的歧見。「這是令人震撼的大發現！」她接著說：「自此之後，每當想法和成見作祟，讓我變得強硬固執時，我會試著控制自己，這算是修練的一部分。」她說，她嘗試去承認、容許並接納這些感受與態度，把它當成「可能錯得離譜」的觀點。她明白：「還有比對錯更重要的事！」

接受孩子最真實的樣子

孩子長大成人之後，親子關係的本質也會改變。安東尼奧的孩子都已經二十多歲了。他的小兒子賽巴斯汀離家讀完了大學，後來又搬了回來，自此之後就成為安東尼奧最重要的「負面導師」之一。

不管安東尼奧和妻子多努力，「但走到人生這個階段的賽巴斯汀，除了柴米油鹽醬醋茶，不願和我們有更多的連結與互動。」安東尼奧繼續說：「我有一些情緒和經驗想和賽巴斯汀分享，但我只得到『一整片的空白』。」身為父母，無法感受到賽巴斯汀的情緒狀態，讓他們憂心忡忡。「我不知道我們是真的應該擔心，還是一切不過是他的賀爾蒙作祟，亦或者他只是抗拒著必須再度和我們同住。他有朋友，和別人也相處得很好，就是和我們不好。」賽巴斯汀唯一會有反應的時候，就是他會批評爸媽提出某些他不同意、思考不周延的意見。安東尼奧在想，自己是不是調整對兒子的期待就好，「畢竟，親子關係的本質，本來就會隨著時間不斷變化。如果不定期重新調整，就很容易卡住（雙方都是）」。他告訴我，讓他和妻子安心與慰藉的是，至少跟兒子同住時，他們可以庇護他、給他健康美味的飲食，還有舒適的居住環境。

透過冥想，安東尼奧慢慢能注意到，一直面對賽巴斯汀的不耐煩，所引發的生理反應，像是肌肉緊繃、出現燥熱感。「我意外發現，我對人生的很多敘述與故事，講的都是我如何看待自己和家人。」他注意到，自己明顯想要解決孩子的問題，防範他們重蹈他的覆轍。但他說：「我愈來愈能把這些渴望放在一邊，騰出空間讓孩子們成長、犯錯與做自己。」他知道自己必須放手。「我必須相信，經過這麼多年的教養，我們把一套健全的價值觀與態度反覆灌輸到孩子身上，他們可以據此做決定。」他補充：「但這麼做的話，我們會經常洗到賽巴斯汀臭烘烘的襪子，蠻有挑戰性的！」

安東尼奧透過家人明顯看到佛性。「多年前，賽巴斯汀出生時，深深觸動了我，並感受到我和父親以及祖父之間的親密連結感。」這些年來，這種感覺觸發了一種更廣博的跨世代人生觀。「對我來說，這是一個過程，我要去接受家庭生活混亂、無法預測的特性，並且從純粹的『本性』裡，找到深刻的價值。看起來，唯有透過我去做自己，並讓家人也去做自己，才能把我從雙親身上、以及他們從自己的父母身上承襲的許多價值觀，傳給賽巴斯汀以及其他的孩子。」這種自然、幾乎必會發生的連結流動，讓安東尼奧感受到與孩子、與一代代起起落落的家族，當然還有和整個宇宙，合而為一。「這樣的感受，還帶來了一種超越生死的篤定感。」

接下來，要講到莉西的故事，她和兒子的關係，自他出生那一天起就不好了。他長大過程中，她也持續面對挑戰。在深刻的母愛激勵之下，她不離不棄地守著他歷經人生的高低起伏。這段旅程中，兒子教會她很多和教養有關的重大課題，包括好好照顧自己以保有力量有多重要，以及如何面對不確定性。她願意誠實檢視內在，這讓她找到好幾個重要見解，明顯改變了他們的人生軌跡。

找到孩子心中的佛光

莉西懷頭胎時很年輕。她分娩時痛苦萬分，之後，她發現，非常難以和這個小男孩建立起連結。「我就是沒有那種為人母興高采烈的感覺。」寶寶奧利很活潑，就像她說的：「精神超好（超調皮！）而且顯然相當聰明。」但他很會大叫，而且常常生病。在他還是小小孩那幾年，因為腎臟問題頻繁進出醫院。

奧利的父親缺席，莉西又遠離親友，她覺得孤單又寂寞。「我有憂鬱的徵兆，但我很怕，如果真的被診斷出憂鬱症且必須入院，奧利就會被帶走。因此我自行服用抗憂鬱藥物。」但這些藥物讓她的感覺麻木，變得行屍走肉，這一來更加重了她的恐懼，深怕自己變成壞媽媽。「多年來我都很辛苦，夜裡很難得睡個好覺。我覺得奧利有問題，都是我的錯。」

奧利九歲時，醫生發現他的肝臟會製造毒素，害得他一直生病。醫生的診斷與日後的治療，讓莉西放下心中的大石。但此時，人生很多事情已經蓄勢待發了。「他繼續調皮搗蛋，在家裡很難管教。」她認為，奧利因為爸爸根本不想跟他有任何瓜葛，覺得自己被遺棄了。「他總是惡作劇，惹上逼瘋人的麻煩。也因為這些行為，在學校裡顯得格格不入。」她記得，自己累到沒辦法和老師互動。也因此，她為了自己並沒有用力為他抗爭，感到內疚。

奧利變成麻煩的青少年，說謊、偷竊，不斷陷入麻煩。他也在差不多十三歲時，開始嘗試吸毒，但莉西日後才知情。

「我對他懷著一種心痛的愛，但完全不知道該如何幫助他。」他們的關係拉扯糾結，雖然她愛他，但她常覺得很難真心喜歡他。「回首過去，我能看清當時的自己有點傻，活得茫然混亂，幾乎不知道他吸毒這件事。」

奧利十七歲離家，開始流浪。莉西非常擔心他，但同樣的，她也不知道如何幫他。「有時候，我可以帶點食物給他，給他一點錢，或是從醫院裡把他領回來。但有的時候我完全不想靠近他，因為那太可怕了。」他沒法長久做一份工作，老是為了要滿足他的毒癮，說謊與操控別人。「我陷入了以自我為中心、不好的受害者心態，絕望地問著『為何是我？』和『為何是我兒子？』」奧利的父親要她別理奧利，說奧利不值得她去關心，她說：「但我就是做不到。」

莉西在奧利二十歲時，開始禪修。一開始，她發現任何和「展開覺察」有關的冥想，對她來說都太困難：「我很病態地擔心奧利。這常會演變成災難性的想法，占據了我的注意力。」為了讓自己過動的心智，去關注更具體且正面的事物，她開始想像奧利沐浴在光裡，身邊都是愛他的人。有一天，她沿著哈德良長城（Hadrian’s Wall）跑完步之後，去逛一間店，一本談佛教的書掉下來打到她的頭，真正對她當頭棒喝。她說：「印象中，書中有段文字是這樣說的，『佛光在心中，藏在骯髒之物之下。你的工作，是要去除不淨，發現佛性珍寶。』我馬上就懂了奧利，差別在於蓋住他的不只是骯髒之物，是一堆一堆的屎。」他的佛光就在某處，她知道一定是的。而她的任務就是挖掘出他內心的寶藏，讓佛光綻放。

尋找奧利佛光的任務，後來變成了她的自我發覺與成長之旅。回顧過去，她說：「奧利教會我，憤怒和咆哮沒有用。在回應之前，先適時暫停，重整高亢的情緒，非常重要。」她接著說：「他也教會我，照料自己是很重要的事。這樣我才可以強大起來，站穩腳步，在他需要時撐住他。」她省思道，這是漫長又艱辛的一課。因為她一直有以他為中心的執念，至於要照顧自己，她是連想到這個念頭都覺得生氣。「他讓我學會，如何與不確定性共處，使我知道，有時候不確定反而是最好的。他也教我如何掙脫受害者心態，設法尋求協助，不要覺得丟臉。」讓她很訝異的是，奧利的影響力非常深遠，那是連他自己也想像不到的。

更近期，莉西學會不批判、全身心投入地傾聽，壓下想要去做什麼、修補什麼，或者提供建議的心癮。甚至連想都不要去想，把「全身心投入」當成大禮，送給對方。而這麼做，蘊藏著非常深刻的價值。「當我能用這種態度去傾聽奧利，我就發現他也用不同的方式回應我。連他自己都說，可以因此看得更透澈，並做出更好的決定。以我來看，不管要幫誰，這種留心、敞開心胸的傾聽，是唯一真正有用的辦法。」雖然過去她沒有耐性，也對別人的苦嗤之以鼻，但體悟到萬事萬物都有彼此相連的佛性之後，讓她萌生一份充滿同理心的深深愛意，但願所有生靈都能遠離痛苦。莉西認為，自己一向低估了奧利為善的決心、智慧與能力。「大量吸毒時的他並不和善，但那不是真正的他。」想到藏在他層層不當行為之下的佛性珍寶、也就是他的本性，她說那是「她和他以及眾生都擁有的本質，這教會我何謂無條件的愛。」

這趟旅程幫助莉西培養出對宇宙的信任，知道如果她真心傾聽的話，一定會有答案。如今，她也非常感謝奧利以及他教會她的一切。雖然她只有在他偶爾主動聯繫時，才能見到他，但她體認到他的小小佛光已經開始出現了。他比較少生氣，也更能欣賞這個世界，還認識一些好人、有了一些美好的體驗。「他讓我感到很驕傲。」

我想用比較輕快的筆觸結束這一章，最後要和你分享的是雀兒的故事。在這個範例裡，雀兒說到兒子讓她明白玩樂的價值，讓她懂了人永遠都別因為太忙，而停下來笑一笑。

別忘了，把時間留給歡笑

雀兒是忙碌的媽媽，她要帶小孩還要兼職，老公也常常不在。小兒子十五、六歲時，在網路上找到一部定期更新的影片系列，主題是扮蠢玩鬧的短片。雀兒記得，兒子開始要求媽媽一起看影片時，「我很沒耐性也有點生氣，因為我不是在弄晚飯，就是在屋子裡忙別的事。」

即便她抗拒，他還是苦苦哀求。「我開始一次花幾分鐘看一下影片，我明白他只是想和我一起度過一些輕鬆時光。我原本的不屑態度漸漸放軟。隨著時間過去，我也慢慢體會到，這些共享歡笑樂趣的時刻很寶貴。」她繼續說：

「我們後來真的笑得很開心，還會去找最好笑的影片，看過一遍又一遍。」他們倆愈來愈常一起看影片，這也鼓動了家裡其他人加入。

這件事讓雀兒明顯看到，她慣有的「我很忙」想法，以及她早已抗拒去做無聊玩鬧之事。「我慢慢去欣賞，我這個青春期兒子常有的傻呼呼。這是一個做自己的快樂、愛玩孩子會有的自然行為。但我一直以來都覺得，那是要激怒我。」她告訴我，她很感謝孩子們讓她看到這一點。「我很高興有機會被提醒，身為一個疲憊、高壓且忙碌的母親，是怎麼忘記了保持傻氣玩心。」她記得，由於孩子們和她互動頻繁，之後的那幾年，他們更容易一起分享這種玩鬧嘻笑的時刻。

第11章

面對老師惱人佛……

老師與典範人物令人景仰，很多人努力效法與學習，渴望能跟他們一樣。然而，就像任何關係一樣，他們之中可能也有人（或是很多人），會成為惱人佛。儘管與其他關係相比，我們假設，會成為老師，代表他們在人生這條路上，某些地方走在我們前面，總是可以教我們什麼。而這也表示，師徒關係（以及關係所產生的問題），性質和目前為止討論的各式各樣人物，會有點不同。

在人生不同階段，我們仰望的對象也不同。他們可能遠在天邊（比方說名人），也可能近在咫尺（例如父母、老師或其他社群成員）。話說回來，人不太可能和從未謀面的名人，有什麼麻煩的關係，因此，後文會著重在我們和老師、人生導師之間的關係，尤其是性靈方面的導師。

自古以來，在學習過程中，老師的角色就被公認是關鍵。然而，學生必須先信任老師，才能從他們身上學到東西。以佛學為例，一開始信任師父（有時也可以說是「信」），是因為師父被認為是釋迦摩尼佛一脈相承的繼承者。隨著徒弟逐漸和師父培養出關係，信任度當然也會跟著深化，並有了穩固的基礎。

在正念與禪修當中，要自行體認到所經歷的方方面面，包括衝動之下許的願、逃避以及妄念，很不容易。面對自己很難，有時候還讓人非常不自在。而老師接下了學生的信任，他們的角色就是敦促學生發揮潛能、超越自我。最後，好老師會鼓勵學生把這份信任內化，養成強大的信念。

由於師生關係固有的「親近」特質，很顯然，童年經歷會大大影響關係的發展。舉例來說，學生可能會把親子關係中的難題，轉移到師生關係上。有一種情況很常見：學生把老師當成父母的替代品。這種事幾乎都在無意之間發生（至少一開始時是）。以我來說，由於生父後來施虐，繼父又在我十三歲時過世，我的童年與青春期多數時候都少了一個強大的父親形象。我很確定，禪修師父會吸引我，是因為我需要一個可給予我養分的父親形象（至少某種程度上如此）。幾年下來，我注意到，自己想要成為師父最鍾愛、或最出色的弟子。我也會針對戀愛關係與生活決策徵詢他的建議，更發現自己不斷希望得到他的認同與接納。現在我知道，當學生把老師替代為父母，通常就會想要在前者身上尋找這些東西。處在這種狀態的學生，從一方面來說，要是沒有找到渴望的事物，會覺得失望失落。另一方面，如果老師滿足了學生的渴望（不論是有意或無意），那這個模式就會繼續，但並沒有解決任何問題。不管是哪一種，老師早晚會成為學生眼中的麻煩人物。甚至，無法從老師身上滿足渴望的學生，可能會用找麻煩的觀點來檢視老師，最後對老師採取某種「報復」。然而，如果是功力湛深、很敏銳，而且負責任的老師，他們會以不帶批判的角度，將學生所受的苦帶出來、並好好放下。而一開始以重演親子關係動態展開的師生關係，也會慢慢更趨成熟圓滿。

第三章提過的依附理論，提供了很有用的脈絡背景，讓我們理解某些從小的未解「問題」，很可能出現在長大成人後的親密關係中。如果你還記得，這套理論說的是，當照護者可以提供、並能及時回應嬰兒的需求，而且他們在這方面的表現很可靠，嬰兒就會建構出安穩的依附模式。然而，要是嬰兒相信，自己對於愛的需求無法得到充分滿足，他們可能會學會抽離或封閉。而這樣的孩子長大後，可能會傾向逃避抽離的行為模式。他們恐怕會否定生命摯愛的重要性，自認為是非常獨立的人，也因此難以信任別人，其中就包括了權威角色，比方說老師。或者，孩子也許會有諸多需索，長大後，展現出貪愛的行為模式。這種類型的人通常會竭盡全力抓住摯愛的人，也因此會被權威人士吸引，像是老師。如果照顧孩子的人有時很慈愛、陪在孩子身旁，有時卻不見人影，孩子就會認為，對方不在是自己的錯。等到他們長大之後，很可能會不斷懷疑自己和旁人的人際關係，包括師生關係，因此很難信任老師。

記住這些之後，讓我們來探討兩個在師生關係中可能出現、而且和我們小時候的匱乏有關的議題：希望老師很完美，以及難以接受權威。

希望老師很完美，但……

一旦遇見景仰、想從對方身上學習的人，我們自然而然會高舉他、理想化此人，甚至把對方視為偶像。要是不小心，很可能會太快就把他們放在神的地位。同理，在戀愛關係開始時，也常發生類似的情況。比方說，認為對方「完美」，但顯然並非如此。會有這種問題，是因為我們把不斷變化、很動態且可能出錯的**過程**（也就是對方），當成固定不變的**東西**或物件。而這麼做，會讓人卡住。終有一天，想像會與現實發生衝突，我們也會受苦（有時候還非常痛苦）。

千百年來，佛門師長都太清楚，人性在這方面的缺點（以及其他潛在的悟道重大阻礙），並發展出幾種應對方法。藏傳佛教的方法，是鼓勵學生真的要神化上師，但同時要睜大自己的眼睛。弟子通常被要求，要想像上師是完全開悟的佛，讓他們供養與迴向。這有助於弟子將上師視為自己渴望成為的理想，擁有修行的動力。對此，藏傳佛教的上師會刻意與弟子保持距離，維持「專業上的距離感」。理想上，弟子永遠看不到上師的缺點，因此對上師的看法永遠不會破滅。藏傳佛教也流傳一句話：「弟子和上師之間，永遠至少維持兩座山谷的距離。」

禪學的做法稍有不同。在我的經驗裡，老師不會要求學生將其視為某種神，而是把老師當成普通人，就這樣和老師交流。很多禪師都知道，總有些學生不管怎樣都會把他們抬得很高，因此他們會特意展現自己的人性缺點。我的禪修師父大山老師（「老師」在日文裡是指「老師父」之意，是對禪師的尊稱）還記得，他的日本師父宮前心山老師從來不讓任何人有機會，對他生出完美的想像。

瘋狂的行為與言語背後……

大山禪師到日本投入宮前心山老師門下之前，他在英國已經為僧十五年。在他們同住的六年期間，宮前心山禪師對他來說絕對是個惱人佛。「從一開始我就知道，宮前心山師父就是個徹頭徹尾的災難現場，光是在他身邊就是一場持續的混亂。他對金錢全無概念，老是被騙。他會做出讓人惱怒絕望的決定，還經常提出瘋狂的想法。我根本不知道接下來會怎樣。」大山禪師記得，有一次甚至有訪客拔出刀來，威脅其中一位僧人。從某方面來說，宮前心山禪師營造了一個惱人佛社群。「他很積極從日本各地招募弟子！宮前心山師父從來不要求任何人改變，他總是說『這樣可以，那樣沒關係。』他會讓你別無選擇，只能面對並接受（或者放下）現況。在他身邊實在非常累人。」

約在同時，大山禪師體認到，宮前心山師父心中深處的真實。「他絕不假裝，一切都是本來的模樣。顯然，宮前心山師父所作所為都很真，也過著真實的生活，能在他身邊真是一個大好機會。」他說，和宮前心山師父一起生活是一個學習的過程，可以一次看到真實的瘋狂與深刻兩個面向。「我也從這個過程中學到很多。我們讓彼此看到，自己身上需要顯露出來、看見與接納的黑暗面。我從中深刻理解到，什麼東西才重要，即碰上困難和挑戰，如何以真誠的態度，及時處理。」

大山禪師繼續說：「宮前心山老師從來不會任憑旁人捧他到虛幻的地位。比方說，把他當成大老爹，或是認為他可以解決他們所有的問題。」他能做到這一點，有一部分是因為他舉止瘋癲。還有時候，是透過「讓人不敢置信的粗魯行徑」。大山禪師回憶道：「但我從來不認為他在操弄情勢，他的言行舉止非常自然。」

「這些啟示很強烈，而且發生的速度很快，這樣的法門還會造成很多傷害。這種瘋狂混亂，是和宮前心山老師在一起生活必不可缺的部分。你要不就從中學到東西，要不就滅頂（離去）。」大山禪師把他的經驗比作划船，宮前心山老師全速划槳，全力衝刺。「你要不就咕噥抱怨，要不就抓起另一副槳幫忙。宮前心山禪師提供了絕佳機會，讓你真的可以起身行動，去做點事。」大山禪師說，他很確定，這是宮前心山禪師想在弟子身上看到的東西。「過去幾年，我愈來愈常起而行。因為宮前心山老師營造出不少空間，促使這種事發生。能和他共度一段時間，真是好到不可思議的幸運。」

現在，大山禪師也不擔心承認自己在各方面的不足。他對我說，如果以此為法門，想要找到完美無暇大師的人會很失望，很可能就會去別處。而我個人（我想很多人亦然）發現，他顯而易見的不完美，反而讓他更可親。他跟很多人一樣，把牛奶加入茶裡時常會潑出來（有時候會濺到他的袍子上和冥想坐墊上）、常常會忘記一些事，也要很費力，才能好好管理電子郵件收件匣。看到他展現出來的缺點與個人癖性，更讓我做到他向來鼓勵我去做的事。「重點不是臻至完美，而是要達到自由。」而此法門所帶動的無懼、且願意犯錯氣氛，會打消完美主義。

你也染上了「大師症候群」嗎？

把老師捧上神壇的另一項潛在危險，是你到頭來會盲目，看不到他們的缺點，開始覺得對方的所作所為不會錯。這樣一來，你就讓自己置身於可能被人利用的險境。而在封閉的信任關係裡，我們要注意這份信任，恐怕會遭到誤導、誤用，或是直接被人濫用。遺憾的是，這種事真的會發生。比方說，過去十年，「#MeToo」運動揭露了一系列的暴行，而施暴者原本是為人師表、神職人員與典範人物，這些人來自各界，我很難過地說，當中也包括佛學世界。而今那些「出包大師」事件鬧得沸沸揚揚，占盡媒體版面，完全蓋過了言行合

一、避免走極端和拒絕不道德行為的師長鋒芒。但另一方面，被學生吹捧的老師，恐怕也會覺得「遭捧上天」是某種形式的虐待。

前文講過，人們之所以尋求「完美導師」，是為了取代他們小時候錯過的一些東西。他們可能渴望像父母一樣的角色：一個完全能掌控世界，並且為他們提供安全、安穩與保護的人。面對這樣的人物時，他們很可能會像孩子一樣無條件奉獻，而且不承擔任何責任。實際上，他們就是放棄了人生的主導權，交到老師手中，這種現象有時候稱為「大師症候群」（guru syndrome）。而針對老師施虐的現象，批評者與受害者指出，這背後通常代表了容許保密、父權和性別歧視滋長的文化，再加上長期認為老師的所作所為不可能出錯的幻想。因此，社會恐怕很難要老師負起責任。此外，學生會遭指為是事件的共犯，這會讓學生覺得羞愧，使得他們更加不情願、不願意把話講出來。

而施虐可能造成的各種危害，會引發焦慮，很遺憾的是，這些焦慮還會發揮另一層作用，又把老師變成惱人佛：讓當事人很難和權威人物相處，或是很難信任老師這類人物。

盤珪永琢，苦尋能「給他答案」的人

前文提過，透過依附理論，可以窺見在「學生對老師的信任度」方面，會有哪些問題。若嬰兒遭到照護者施虐——不管是生理上、情緒上、性虐待或遭到忽視等，他們長大成人後，恐怕難以和權威人物建立關係。舉例來說，要是主要照護者認為，引發恐懼讓嬰兒服從比較好，那嬰兒長大後，就會對權威感到不確定或懷疑。他們也想信任老師，但發現很難做到。十七世紀日本知名的臨濟宗禪師盤珪永琢正是如此。接下來，我就要來好好講一講他的故事。[1]

盤珪永琢生於日本底層的武士之家，父親是醫生，有四個兄弟和四個姊妹。他幼時名為「毋遲」，意為「不要落後了」，從中就可以感受到，他的父母從小對這個孩子的態度。毋遲是個很難控制、很叛逆，而且愛惡作劇的孩子。他媽媽有一天發現，如果她假死，就會嚇到小毋遲，讓他乖一點。這招有用，但我們大可想像，這會對他造成何種影響，尤其是他的父親真的因為意外死亡。此時，年僅十一歲的毋遲試著自殺，吞下大量蜘蛛，因為他覺得那有毒。

隔年他去上學，他很喜歡哲學課（他們要讀儒家經典），但討厭書法課，厭惡到他會翹課躲回家。他持續不斷的惡行，開始讓家庭蒙羞。而他媽媽的驚嚇策略已經不再有用，如今成為戶長的哥哥，面對這個弟弟則不知如何是好。出於絕望，兄長遺棄了十四歲的毋遲，把弟弟趕出家門，基本上和他斷絕了關係。

這些歷史故事顯示，小時候照顧盤珪永琢的人，講好聽點是茫然無措，講難聽點則是疏於照顧或情緒上施暴。從他的反應來看，他很可能在各種親密關係上，都發展出逃避型的行為模式，表現出迴避傾向及時不時的叛逆或憤怒。

還好，有位很好心的鄰居，辛辛苦苦照顧了毋遲一、兩年。等他進了學校，儒家「明明德」（按：意指人要弘揚內心的善良德性）的說法，讓他深為著迷。他於是深入探究，有人建議他去當地的禪寺問問看。等他來到，師父對

1 盤珪永琢的自傳故事請見：Waddell, N, tr, *The Unborn: The Life and Teachings of Zen Master Bankei*, North Point Press, New York, 2002; and Skinner, J D, *Practical Zen: Meditation and Beyond*, Singing Dragon Press, London, 2017。

他說：「你只能在自己心裡找到德性，你要練習冥想。」毋遲請求出家為僧，禪寺也收了他。他在禪寺待了很多年，但後來對師父的想像破滅，對一切都不滿意。等他十九歲，他決定出外旅行，另覓師父，想要找一個能給他答案的人，讓他得以放下種種問題。

毋遲有個很辛苦的童年，青少年時期的他，不太信賴師父的權威與指引，並不讓人意外。他或許也曾經培養出親密信任的關係，但太親近了之後，又擔心有一天會失去。他可能對自己有很深的懷疑，也不相信自己有能力與他人建立關係，也因此，他把自己描繪成一個獨立且自主的人，作為補償。

他在日本各地苦苦尋覓，二十三歲時回到家鄉的寺廟，得到的只有更深層的幻滅與疲憊。如今的他，已經沒有什麼可失去的，他決定拋下師父，建構專屬的小小隱室，把自己關進用泥灰砌成的牆內，分分秒秒都用來冥想。他就這樣獨自修行多年。後來他回憶時說道：「我壓迫自我毫不手軟，在生理上與心理上榨乾自己。」他顯然心意已決，但可以想見，這股韌性來自於他從小在情緒面與心理面累積多年的痛苦，這是一口深不可測的井。

長時間的靜坐冥想，讓他臀部出現問題，引發敗血症，到最後還罹患肺結核。二十六歲時，醫師說他來日無多，而他也決意去死。此時，他幾乎完全放棄，他說：「我覺得喉嚨怪怪的，對著牆吐痰時，一大坨像是無患子果實一樣大的黑色濃痰，從牆上滾落。」忽然之間，他的心態改變了，這是他的開悟時刻。他很幸運，他所遭受的痛苦和情緒上的混亂，最後導引他踏上禪學之路。當然，這些因素本來也大有可能，帶他走上更具毀滅性的結局（事實上，有好幾次差一點發生這種事）。

盤珪永琢的童年教會他，有權威的人不見得都跟你站在同一邊，他們可能會為了騙你守規矩，做出有害的事（像是他媽媽假死）。因此不難想像，為何他和第一位師父之間的關係，那麼讓人頭痛，而且他也聽不進師父的建議，無法耐心地向內看。我們也可以猜到，他花那麼多時間外求問題的答案，部分理由是他無意中在尋找理想化、可給他養分與愛護他的父母角色，只要他揮揮手，他們就會幫他擺平一切。搜尋未果之後，他把自己囚禁在一間小室裡，冥想靜坐幾乎致死。他在童年時學會，不要信任權威人物，必然也學到了要極端獨立。到了這個階段，他覺得除了自己之外，誰都不可靠。

年輕時有了這些經驗，讓日後的盤珪永琢成為一位明智又受歡迎的師父，而且非常愛他的母親。他的母親後來也成為尼姑。他會跟學生說，他非常努力要求得解答與啟發，但他認為自己走錯方向。然而，這也是當時的他僅知最好的做法。因為這樣，他向來堅持，沒有人需要像他一樣花這麼長時間，他教徒弟的風格也以慈悲、慷慨和簡單著稱。

那從盤珪永琢的故事中，可以學到什麼？他的童年很辛苦，這很可能助長了叛逆獨立與強力追求的行為模式。然而，他也得以透過他所受的苦，找到平靜。釋迦摩尼佛說，沒有任何人可以不受苦就開悟。無論有多苦，只有當我們完全接受現況，並且接納自己的痛苦、悲傷、焦慮或憤怒時，才能慢慢、深情的放手。有黑暗才會有光明，同樣的，有痛苦才會有慈悲和智慧。

白隱慧鶴與東嶺圓慈，從施壓、讓步到傳承

歷史上另一個麻煩的性靈導師範例，是十七世紀日本知名的禪師白隱慧鶴，以及他的弟子東嶺圓慈。[2]

東嶺圓慈十七歲時出家為僧，接下來幾年，他歷經了一連串長期且孤獨的修行，從中悟出很多重要的見解。他二十二歲時去找白隱慧鶴禪師，他認為對方可以幫助他進一步修練。

白隱慧鶴禪師一眼就看出，東嶺圓慈是非凡的學生，很可能是一位法嗣，也就是傳承者。東嶺圓慈禪師很急切地想要修行，他剛到寺廟幾個月，就寫信給白隱慧鶴禪師，要求後者對他施予「搥打和夾鉗」，意思是請他給予最嚴格嚴謹的教誨。此時的東嶺圓慈約三十歲，白隱慧鶴禪師對他有所期許，認為他有一天或許可以主持他的禪寺松蔭寺。為了促成這樣的走向，白隱慧鶴禪師要

2 Waddell, N, tr, *Beating the Cloth Drum: Letters of Zen Master Hakuin*, Shambhala, Berkeley, 2012

求東嶺圓慈，接下附近村莊一間破敗的小禪寺無量寺，擔任住持。但東嶺圓慈拒絕了，因為他擔心好幾件事。首先，他憂慮自己的健康狀態。他在嚴苛寒冷的條件下修行，後來罹患肺結核，過不了多久便瀕臨死亡邊緣。而且，他也認為主持禪寺的責任讓他分心、偏離自己的禪修，他更擔心師父會過度干預他如何管理寺廟。他並不想被綁住、不希望覺得自己無法離開，也不願日後被迫成為白隱慧鶴那間更大型禪寺的住持（白隱慧鶴確實多次強迫他接下來）。

經過諸多妥協與協商條件之後，東嶺圓慈禪師讓步了，最後成為無量寺的住持，待了四年多。他之後離開，是因為白隱慧鶴禪師一直不斷施壓，要他接手松蔭寺，繼承自己的住持之位。白隱慧鶴禪師後來想到，他自己在東嶺圓慈禪師這個年紀時，想法也差不多，也不樂意承擔責任，一心只想著修行，才總算能體會東嶺圓慈禪師的心情。東嶺圓慈禪師還要等好幾年，才做好準備再度回來找師父。一七五八年時，他們一起主持一系列的講座，這促使白隱慧鶴禪師買下荒廢老舊的龍澤寺，命東嶺圓慈禪師修繕，作為修行的禪寺。東嶺圓慈禪師又拒絕了。但白隱慧鶴禪師勇往直前，他認為，東嶺圓慈禪師終會答應。

一七六一年，病況加劇的東嶺圓慈禪師終於同意了，成為該寺的住持，這座龍澤寺在接下來幾百年，也成為臨濟宗的重要禪寺。

雖然我們對東嶺圓慈禪師早年的生活，以及他和父母的關係所知有限，但他與師父的關係顯然還蠻麻煩的。面對明顯抗拒接下責任的東嶺圓慈禪師，白隱慧鶴就像是獨斷的家長一樣，對東嶺圓慈自有打算，多次想要把這些盤算強加在他身上。東嶺圓慈禪師這一生都在學習，要在自己對修行的渴望，與白隱慧鶴禪師不斷堅持他應挺身而出、承擔責任的心思之間，求得平衡，還要面對顧好自己虛弱身體的挑戰。到頭來，東嶺圓慈靠著自己成為重要的禪師，在臨濟宗復興上扮演重要角色。他的教學生涯延續四十年，在這段期間，他寫了多本重要的禪宗書籍，完成了白隱慧鶴的未盡事宜、為公案教材換上新裝（時至今日仍在使用中）。

如果，你想從老師身上學到什麼……

回顧本章提過的老師惱人佛，我們理解到，如果要從老師身上學到什麼，必須先學著信任他們。而信任的種子一開始可能來自於，其他人肯定這位老師的資質條件或技能，但隨著師生關係逐步開展，我們願意信任對方的理由，愈來愈多會來自於自身經驗。然而，不管是哪一類的成年親密關係，一旦出現問題，根源往往來自於童年時期。有些人尋找可以替代父母的老師，他們渴望的可能是愛、認同、肯定或接納。但無論老師能不能給這些，尋找一個替代父母的老師，最終都會導致更大的痛苦。有些學生把老師物化成完美、理想化的對象，有些人則對權威存疑，他們想要信任老師，但同時間又發現自己做不到。而具備適當技能、且能敏銳覺察的老師，不會將學生的感受斥為錯誤或不當，也不會玩弄學生的渴望。老師的角色是要營造安全的空間，讓學生可以放心透露出痛苦的根源（不管形式為何，也不論讓人多麼不自在、多麼痛苦），讓痛苦的源頭被看見、得到承認，然後慢慢放開。最終，他們的任務，是協助學生培養出對自己的深刻信心。

即便如此，一旦培養出對老師的信任，還是要跟經營任何關係一樣，都要睜大眼睛。要是把老師捧得高高的，認為師長不容批評指責，那麼，就沒有完全看清楚眼前的事實，更讓自己置身於被施暴的險境。很重要的是，無論關係如何演變，有必要時，還是要能讓老師負起該負的責任。

當你放手，他人和宇宙的善意就會流進來

白隱慧鶴對東嶺圓慈來說，是一位麻煩老師。同樣的，東嶺圓慈對白隱慧鶴來說，也是一位令人頭大的學生。很多人都會發現，自己經常要處在教導他人的位置上，可能是工作上要帶領新進人員，或是在家裡教小孩。而只要你願意，那心中的麻煩學生，也可以變成最好的老師之一。

我曾和美國奧勒岡州的新開師父聊過這個主題，他記得，當他最早建立起

自己的禪學團體時：「有些學生真的踩到我的痛處。但他們這麼做時，也大大幫助我跨入新的領域。」多年來，學生讓他清楚看到，他需要放手，不要再想著要去控制什麼。「在推動這個禪修社群時，我有自己的想法，想著應該要這樣、不應該那樣。但是我很快就明白，『我想要的』和『情勢如何發展』，是兩回事。」這兩者之間的差異，凸顯出他先入為主的想法，和他想要控制的傾向。美國前總統艾森豪講過一句名言：「紙上計畫什麼都不是，唯有持續地謀劃才是王道。」與這番心得對照之下，新開師父說：「我以為我永遠都知道怎樣最好，還想要鉅細靡遺地管每一個人。但現在我體認到，這只是凸顯出更多自己的問題而已。」整個群體不見得會按照他之前想好的方向走。「他們（指他的學生）讓我看見，我需要放開『那是**我的**禪學中心』的想法，讓事情順勢展開。他們使我明白，尋求協助是很重要的事。」

他說，當他愈來愈能夠放手、不去主導，也就更能體認到群體的深刻智慧。「當你放手，他人和宇宙的善意就會流進來，奇妙的事就會發生。」而如今，社群目前的走向也是他過去想不到的，而且從各方面來說，對每一個人都大有好處。他說：「我可以體會、也很高興看到，透過我與這一切，成就了更大格局與更全面的事物。」

PART III

真正的修行

第12章

面對惡魔惱人佛……

在你的人生中，可能有些人是極端的棘手，像是施暴者，或者在某些方面讓我們痛不欲生。傷得太深時，要接受「這些人也是人」並非易事。更別說要承認，他們或許也能教我們看懂自己。甚至，就連想到「他們或許能教會我們什麼」，都令人反感。你很可能希望跟對方毫無瓜葛（有時候，這樣也確實比較安全）。我知道這種感覺。

我們對這些惡魔型人物的憎恨，背後可能蘊藏著極大的力量。想到發生過的事，並沉浸在憤怒和嫌惡的感受中，會占據我們全副心神，而且每一次可能都持續很久。慢慢的，人生所有的色彩都沾染上恨意的墨跡。這些事引發的感受或許清楚明確，但是我們很難看到背後的東西。有人說，抱著憤怒與恨意不放手，就好像喝下毒藥一樣，而且還希望也可以殺死別人。[1]然而，這是無益之舉，到頭來只會傷了自己。

創傷或遭虐都是很深的傷痛，基本上無法自癒，如果不好好照護，就會化膿。此外，一旦察覺到任何可能會讓傷口更嚴重的蛛絲馬跡，我們會退縮、緊繃，用各種方法搶先保護自己。長期下來，這些舉動會變成習慣。而養成這些習慣就像豎起高牆，保護自己免受自認的生活危險所害。我們可能會開始跟每個人保持距離（以免再度受傷），或者，學著在人前換上另一張臉，戴上面具假裝是另一個人。或是，開始嘲笑一切，或一有機會就哭。但無論加上多少保護，後面的傷口仍在，不曾癒合。我們可能會用這種方法生活多年，甚至忘了為何會出現傷口的細節，連為什麼會受傷都忘了。但不管怎麼樣，傷還在。

就像螃蟹長得太大、殼裝不下一樣，有一天，仍被束縛住的痛苦，也會強烈到難以承受。這時，維持現狀的風險，比從舊殼中破殼而出的風險更讓人痛苦。因此，第一步是要承認這種不舒服、被壓迫、受限制的感覺。就算對接下來會出現的東西有預期、也有恐懼，仍不可逃避。這不容易。畢竟，最簡單的做法，是避談感覺，讓自己分心。也因此，我們需要鼓起很多勇氣。但要知道，你不必完全靠自己，而是能仰賴你的支援網絡，或另覓一個可以在整個過程中，為你提供支持的新人選（比如心理治療師或靈修老師）。同時要明白，

1 引用自：MT, *A Sponsorship Guide for All Twelve-Step Programs*, PT Publications, WEST PALM BEACH, FL, 1995。

難搞人物的行為可能愈來愈誇張，來到施暴的地步，很重要的是你要採取適當的行動，不要只是冷眼看著，被動接受這種事。當你鬆動歧視與批判立場，慢慢放開痛苦，你會發現你這個人愈來愈輕盈，也更加自由。我花了很多年對付我遭遇的惡魔，在這當中，十三世紀的波斯詩人魯米（Rumi）寫的一句詩幫了我很多，他說：「傷口，是讓光照進你心裡的入口。」如果我們找到辦法，把外面一層層熟悉到讓人安心、但很可能逐漸硬化的保護殼剝掉，找到勇氣直視底下的傷口，看到時不退縮，或許就能看透傷口，直接看到自己。這是創傷與痛苦真正能給我們的禮物。

原來，打開情緒才能通往寬恕之路

前文提過，導致我的繼父過世、母親重殘的車禍肇事者，是一位下了班的警官。他名叫麥可。從事發當時，到後來我開始做心理治療（大約有十年），

「麥可」是一個我不能碰觸的概念。

車禍過後幾個月，我在法庭上看到他（他因為危險駕駛致死被定罪，判處有期徒刑），我心裡覺得他浮在空間中的某個地方，我觸摸不到。那段時間，我根本不能碰觸任何和麥可這個人、與他所做的事有關的情緒。

後來我開始做心理治療，我很清楚記得，有幾次心理師問我，對於他所作所為有何感受，我會說：「嗯，那不是他的錯，是運氣，機率問題。沒錯，他是做了不該做的事。但他之前可能也做過很多次，並沒有發生意外。」基本上，我是在合理化自己的無感。心理師會鼓勵我，說覺得憤怒並無不妥。但即便有他的允可，我還是替自己的反應找理由，宣稱那不是麥可的錯。我記得，這最後惹得心理師在情緒上大反撲（他通常很善於沉著、且不帶批判地省思我說的話），他說了：「那是誰的錯？你怎麼能**不**生氣？我完全不懂！」現在回過頭去看，感覺上他是在試著戳我，要穿透包在我混雜情緒之外的厚皮。我很確定他是在想辦法挑釁我，幫助我觸碰自己的感覺。

我花了好幾個月尋找、冥想和思考我對麥可的感覺。我記得我們探索並談論我所做的夢。我也沒有忘記，第一次跟我媽講起這件事時的情況。到最後，我終於找到怒氣和厭惡的蛛絲馬跡，心理師鼓勵我在諮商時、以及晤談結束後，表達這些感受。等我發現，自己確實很憤怒時，才明白一件事：我害怕，萬一去碰觸這股怒氣，整個人就會像無法掌控的火山那樣，忽然爆發。我擔心我的世界會分崩離析，因此我阻擋了自己的感覺，以保持冷靜。但事實是，要觸及這股憤怒很難，然而，當我真正碰觸到，卻感覺憤怒已經變成了濕透的火種，幾乎不可能燃燒起來。

在諮商期間與我自己冥想打坐時，我慢慢打開情緒的蓋子，憤怒、憎惡和痛恨躡手躡腳地溜了出來。我開始聽任情緒表現出來，感受到自己對麥可的怒氣，覺得發生的事不公不義。我記得我咆哮：「為什麼是我？為什麼是我們？」我對宇宙和命運發火，氣這些為什麼會發生在我和家人身上。我常常拖著顫抖的殘破身心結束諮商，但重點是，世界並沒有四分五裂。

我沒有印象我真心覺得可以原諒麥可的行為，是何時的事，這應該是一點一滴的累積。現在回過頭去看，如果我沒有熬過那段期間，沒有去碰觸內心的憤怒與怪罪，並且學著表達出來，我一定沒辦法走到「原諒」這一步。畢竟，真正的原諒不是跳過處理階段，假裝什麼都沒發生，而是真心的接納與放手。而且，感受到憤怒並表現出來，也並不是壞事、錯事，或很糟糕的事。對我來說，碰觸憤怒並完整體會到憤怒的強烈程度，是踏上寬恕之路的必要一步。要是我們無法完全體認，就無法全然放手。

到頭來，把「麥可」這個概念，從漂浮的空中抓下來、伸手可及，去碰觸我對於他這個人、以及他所做的事的原始純粹感受，並不是一段太過坎坷的過程。至少，與我原諒家暴父親的經驗相比之下，也不算什麼了。然而，透過尋找、並容許自己感受對麥可的憤怒，我明白很多怒氣，實際上是衝著我的父親而來的。

「原諒他，但不代表要理解他」：近親性侵受害者的自白

在我六歲之前，父親會和我玩一些性遊戲，這種事恐怕持續了好幾年。我媽一發現馬上報警，他也即刻被趕出家門。接下來幾年，我們僅能在有人監管下與他見面。這件事曝光之後，我和我妹很快就去看兒童心理學家，對方和我們面談，然後撰寫報告，提報他們認為發生了什麼事、對我們又可能造成哪些影響。我媽媽留下這些報告的副本，在我開始接受心理治療時，給我看過。

我二十幾歲時，對父親湧出了許多複雜且混亂的感受，當中很多都是被我一直壓下去的情緒。我至此明白，很多不同的因素，形塑了這些感受。其中之一是那場車禍以及後續的事情。基本上，那樁事故蓋過了我過往的人生經歷，終結我和繼父培養出來的親密感情，也斷送了我和童年受暴經驗和解的過程。當然，另一項重大因素是我媽。隨著我們長大，她對我父親的想法、她的情緒（包括她對於過去發生的事，感到萬分愧疚），以及她自己的焦慮感和世界觀，都感染了我們。她總是說，自己很天真。她對我說，她結婚的理由之一，

是為了要離開父母。而她生養小孩，有部分原因，是為了拴牢她和我父親之間的關係。

我父親離家後，仍不斷出現在我的人生裡。大部分時候是因為我生日，尤其會牽扯到錢的事情。我還小時，他會幫忙付錢，買下昂貴的生日禮物，不時也會拿出一筆錢幫忙支付大學學費等等，後來我認為那是他該給我的（這可能也受到媽媽的影響）。我覺得「他應該為了他的所作所為，向我道歉」以及「這些錢是我應該得的，以彌補他的虐待行為和之後的缺席」。我也對他有一種奇特的責任感，比方說「我應該告訴他我的情況，因為他是我爸爸」。

等到我差不多二十五歲時，在心理治療療程的推動之下，我開始寫信給我爸，問他記不記得性侵的事。他堅持我記得的性遊戲只發生過一次，而且還是因為意外。他說那是我挑起的，而且我樂在其中。此時，我已經開始去碰觸我內心滿懷的壓抑憤怒。他講的話觸怒了我，讓我大發雷霆。他的話和小時候的我所記得的、以及心理學家報告裡所寫的事情，大有出入。

五歲時的我，當然希望獲得父母的關心，也樂於和父母一起玩遊戲。但聽到有人說，我喜歡做的這些事都是錯的，讓我對小時候的自己困惑不已。我想要跟爸爸在一起，但大家都說他是壞人，必須把他帶走。我媽印象中，每一次道別時，我總是為了他哭了又哭。在他剛被逐出家門的頭幾個月，有幾次我去做諮商時，兒童心理學家還會幫忙我處理這個問題。但我想，這樣並不夠。幾年後，我很天真地想要和繼父玩同樣的性遊戲，但就像媽媽後來跟我講的，他很妥適地幫助我理解，為何這並不恰當。

透過心理治療和冥想練習，我學著安撫被壓抑、或者被我刻意逼入黑暗幽室而無法成長的自我面向。而治療跟練習的重點，是要不帶批判地身在當下，讓我可以在象徵意義上環抱住自己。不管我有任何情緒，都讓它們浮出來且被看見。一開始我需要心理師協助，還要借助有指引的冥想練習，但我慢慢學會，把整個過程化成自己的一部分，靠著自己練習。我記得，我在這段期間去做了冥想靜修。有天早上，就在我做冥想練習時，我看到有一隻怪獸從床底下跳出來，直接跳到我眼前。怪獸平白無故冒出來，長相非常嚇人。我打從心底被嚇到了，不敢再閉上眼睛繼續未完的練習。之後，我的老師幫助我用成人的眼光來看這幅景象。我明白，看到這一幕會嚇到的，只有我內心的小孩。這是很震撼的一課，讓我理解如何重新解讀童年記憶：小時候我看到的，都是透過小孩的觀點。而現在，我可以透過成人的眼睛來看待這一切。

我父親所說的話，和小時候的我記得的、以及別人告訴我的不一樣，讓我有好長一段時間，都對他很憤怒。我想知道：「為什麼他就不能老實說？為什麼他總是要歪曲事實？」幾年後我得出結論：長期下來，他可能已經認為以這些事件來說，他的版本才是事實。當他對我說，這種事只有一次時，他非常有可能並非故意說謊。不管怎麼樣，花了這麼長時間辛辛苦苦尋找「真相」之後，我明白，真相不只有一種，而是我有我的真相、他有他的真相。我也已經接受這一點。

當他逐漸老去，我開始從不同的角度看他。他的頭髮花白，雙肩拱起，臉上的皺紋也更多了。我長大了，現在的他看起來卻變小了。事情發生就發生了。當我的療癒旅程來到這個時間點，我已經不再需要知道更多細節，已知的便足矣。無論他能不能道歉、全心全意為了他所做的事懺悔，我都已經不再困擾。他的過去、在他身上發揮作用的心理保護機制、他的父母、他的祖父母，以及整個社會，創造出他這個人，就跟我媽媽一樣，就跟我一樣。隨著時間過去，這些想法幫助我一點一滴生出寬恕感。最後一次見到他時，我覺得自己已經準備好說出，「我原諒你」。我不確定他如何看待、能不能完全理解，但我覺得這是我的一大轉捩點。我也真心相信，這份感覺是真的，自此之後，這只會再繼續增長。

多年來，我多次嘗試靠近他。但我知道，我得到的只會是他同樣讓人勃然大怒、不怎麼誠懇，而且通常微妙地在操弄別人的態度。之前有一段時間，我完全不跟父親聯絡，但現在我再也不覺得，需要這麼激烈避開他了。不過，我已經不想再見到他，也沒有要刻意見面的責任或義務。我原諒他，但不代表我想要理解他。然而，隨著人生繼續走下去，這或許會有變化，誰知道呢？

當我向別人公開自身經驗，我遇到很多人有類似的故事。他們也遇上惡魔惱人佛，並很難和這些惡魔和解。以下的範例是我朋友的故事，她講起她如何去面對她的母親，探究她小時候發生過的事。這個例子說明了，放下長期互相指責的利器、不再互相歸罪很重要，這樣兩邊才能覺得很安全，並開誠布公去談。

等了二十年，才迎來的和解

潔絲一向很難和她媽媽相處。她有一段時間失眠，還會做惡夢，促使她開始去做心理治療，檢視母女關係中某些未解的問題。她說：「這感覺上是你必須搬開一塊大石頭，才能看到下面有什麼。」她最大的問題是：「小時候我受虐時，妳（指她媽媽）為何不保護我？」

她一直都明白，如果不解決問題，雙方的關係是不會變的。「這說起來容易，做起來難。你沒辦法一夜之間，就決定把所有的往事和情緒清理掉，更不知道這樣的過程要持續多久。」最終，她花了三年才完成心理治療療程。「一開始，我必須處理我的歸罪行為。一旦我不再怪她，我發現，我們兩人都覺得夠安全，可以減少防備，並開始好好講話。」這段期間，她不斷向母親提起同一件事。她說：「我真的很有毅力。」她覺得媽媽需要不斷重複對話，才能慢慢面對這些事。「我媽媽願意一而再、再而三去談發生什麼事、我有什麼感覺，好不容易能全面地來看這件事，這讓她成為我心中的佛。」

潔絲講到，她媽媽後來承認自己很自私，沒有體認到真正發生的事。到最後，她說她很抱歉。讓潔絲深感意外的是，居然要等到二十年之後，才達到這種層次的和解。

最近，她和她爸爸一起看她小時候的照片，很開心地回憶某些美好的時刻。她說這麼做好像「清掉了爛事」。她接著說：「我相信，當我繼續放下嫌隙與憤怒，這些爛事終究可以清得乾乾淨淨。」

面對惡魔，如何達到原諒的境界？

要面對最極端的麻煩人物，你要給自己大量的時間、耐性和溫柔。有時候我們需要轉身離開，拉出距離與明確的界線。比方說，我有很多年完全不和我爸聯繫，這樣我才能在不讓情緒更加混亂的狀況下，去檢視我自己的感覺。然而，在覺得合適時，我們也要走向這些人，開啟溝通管道。

在這一路上，很重要的一步，是要體認到你所有的情緒，並讓情緒的力量流過你身上。無論那些是什麼、力量有多強都不可逃避。我認為，人們太常把憤怒、痛恨和憎惡等負面情緒當成壞事，覺得有這些情緒就代表我們尚未療癒。他們可能認為，如果要讓傷口癒合，那為何要再度撕開，讓傷口更加疼痛？但如果希望能夠好起來，一定要剝掉硬掉的老舊繃帶。就像魯米說的，讓光照進你：這代表你要檢視躲在下面、藏了很多年無人能見的傷口。至少，就我而言，觸及憤怒、並充分體會到憤怒的強烈程度，是踏上療癒之旅的必要步驟。有時候，局面會先轉壞，讓人更痛苦不堪，然後才好轉。當然，在現實中，過去發生的事情並不會讓人更痛苦，只是我們開始明確意識到自己的痛確實存在。而提高自己的覺察程度，是正念中的關鍵。

另一項重要步驟，是為自己的感覺負責，停止責怪別人。榮格說，「抽回你投射在別人身上的自我陰影。」我們都聽過別人說，唯有當你停止怪罪，雙方才會覺得很安全、可以打開天窗說亮話，事情才有進展。而不怪罪，也包括不要怪自己。

很重要的是，要理解人的心智、個性和意識中有不同的部分，會以不一樣的速度成長。而創傷事件會阻礙我們某些部分的發展，完全無法繼續長。在修習禪學和正念時，並不是要教育、或改變自己身上這些受阻的部分，而是要提供空間並挪出時間，去承認、看到心裡那個小孩某些地方被卡住、或是受了傷，然後完全接納。唯有如實接納這些面向，它們才能自然而然地成長，追上心智中已經長大的部分。這是學習如何重新建構童年記憶的過程，過去你透過小孩的認知看事情，而現在你可以透過長大成人後的眼睛來看，然後重新理解童年。

以我來說，這是一個包含了發現、否認、痛苦、探索、困惑、對話、接納與放手的漫長過程。我後來明白，對於現在的我而言，我爸爸過去做了什麼、沒做什麼，或者是誰說的事實比較正確，都已經不是重點。重點是，我承認自己的感受，不要想著但願事情會不一樣。當我們容許事情保有本來的面貌，就能來到原諒的境界。但請記住，原諒對方，並不能減輕其所作所為的嚴重性，也不代表你想和他們為友，甚至不表示你想再和他們講話。原諒代表你明白，就算你仍然憤怒、痛恨或責怪對方，也無法懲罰對方做過的事，只會傷了你自己。原諒代表要打開你的手，放下憎恨的沉重負擔。這樣一來，你的人生才能更輕盈、更自由。

第13章

面對自身惱人佛……

談到現在，我有把握你已經理解，面對難搞人物時，努力的重點其實在自己身上，以及如何與自己建立連結。基本上，你唯一真正會遭遇的惱人佛，就是你自己。我想要在本書中，以自身惱人佛為中心，點出並探究幾個特定面向。

首先，你最難用善意與慈悲相待的人，是你自己。與原諒自己相比，寬恕惡魔通常還讓人覺得比較容易一點。用善意與慈悲對待自己，代表你要愛自己，而就像去愛任何人一樣，要陷入愛裡需要時間、建立信任並要坦白誠實。如果過去你從不曾給過自己這些（或者從來也沒有別人給你這些），那麼，愛自己並不是容易的事，至少一開始的時候不是。很重要的是，你要對自己多點包容，溫柔地看待事物。請記住，最重要的是你的意圖。

做披薩的修行

人們之所以很容易就成為自己的惱人佛，原因之一是我們無法接納自己許多天生的人格特質、癖性和限制。

以下有一個我自己的範例。最近，我開始自製披薩麵團。而前陣子，我和我太太在廚房裡，我想要把麵團擀開來鋪在烤盤上，她則負責餡料。我們聊天時，我的手指一直被黏呼呼的麵團黏住，我加了更多手粉，更用力擀。忽然之間，我在一塊擀得特別薄的地方，拉出一個洞。我試著補起來，盡量不讓手指黏在麵團上，一邊繼續和妻子聊天。然而，當我把麵團的一邊拉開，另一邊就縮起來。這些麻煩的小事一直弄不好，我的心裡愈來愈悶。當沮喪的能量高漲，我的臉開始漲紅，身體也跟著熱了起來。我差一點要開始拿一些無聊的小事，來批評我太太。像是講她切菜時太吵，但還好，我想辦法管住我的舌頭。努力一番之後，我得以將情緒調節到相當穩定的程度。我接受自己的感受，但刻意地拿出意志力不要表現出來，避免莫名其妙對妻子爆發情緒。她切菜的聲音當然沒有到太吵的地步，問題在於我已經來到了爆點！

從小時候開始，我一向認為，過分講究精密度的手工活，很讓人氣餒（我從沒想過要當外科醫師！）但我不太清楚，要如何克制自己不斷高漲的挫折、並且避免發作。青春期時，我媽就不再要我去做任何手工活了。因為經驗告訴她，我會很挫敗，甚至變得非常易怒不快。多年來，我必須接受，某些手工活會讓我受挫到極點。

到現在，我已經學會注意、並容許沮喪情緒的芽發出來。在此同時，我會去體認這些情緒，而不是壓制或忽視（導致情緒在不自覺的情況下，一發不可收拾）。我也學會接受，講究精細的工作會打敗我，但也只是一部分的我。前述的披薩麵團事件，導引我把之後所有做披薩的活動變成絕佳機會，去磨練自己的正念與接納技巧！

以下是我朋友奧利佛的故事。他是學禪的人，然而天生就心不在焉。

本性，真的難移嗎？

奧利佛坦承，在語言學校工作的他，經常忘了關燈、不記得鎖門，三不五時就掉書、掉皮夾、掉鑰匙。他說：「主管會溫馨提醒我，說我的健忘讓別人的日子很難過。」他繼續說：「相對的，有一位效率很高、什麼事都記得住的老師，就會表達他對我很反感，說我『偷他們的時間』。」奧利佛以前會想：「他們因為我健忘而生氣，我又能怎麼辦？我也不是故意健忘。如果我感到愧疚而不敢做自己，我又怎能接受自己？」

奧利佛說下去：「一開始，你會向自己承諾絕不再犯，但之後又來了，又故態復萌！」隨著時間過去，他明白了對自己的行為負責很重要，就算不是故意的也一樣。「當我搞砸時，我開始對自己和別人承認確有此事。另一方面，和自己建立起關係，是持續不斷的過程。在此同時，我也要接受自己現在的模樣，並盡我所能改進自己，讓未來的我更好。」

如今，他很感謝生活中那些高效率的人。「他們讓我注意到自己的盲點。」他反省道，「我必須對那些我討厭的人敞開心胸，說聲抱歉。」但這需要時間，而且，他說：「我必須在幾個不同的場合這麼做。」他說，透過這樣的過程，如今他更理解自己，而且，這麼多年下來，他發現他的心不在焉問題已經大有改善。「去年我只有一、兩次忘了把書丟在哪裡！」

要像奧利佛這樣，明確地看到自己個性上的缺失，並不容易。我們會很想採取防衛姿態，試著合理化自身行為，包括對他人或對自己。但，唯有學習接受個人缺點，知道自己哪裡做錯了、不擅長哪些事（並在我們造成不便、或傷害他人時誠心道歉），才能在內心找到老師，更接近真正的自我。我們要學著脫下自我保護的面具，不管是對自己或對外人，都展現更深刻的坦誠真實。

一旦堅持己見，麻煩就來了……

以自身惱人佛來說，另一大難題是我們抱持的「意見」。從某方面來說，意見和想法或情緒截然不同。意見是我們在心裡，針對特定議題形成的觀點、判斷或評估。但也可能因為一連串的想法及／或情緒，而構成意見。

首先，我要強調的是，「有意見」是極重要、且極為自然的事。但前提是，要覺察到意見的本質：意見，就只是意見而已。釋迦摩尼佛就很清楚這件事。祂不諱言，有些觀點會造成限制，但也有些觀點很有用，特別是可以在性靈的道路上，推動我們向前邁進。[1]唯有堅持己見時，意見才變成麻煩的事。釋迦摩尼佛說：「執著名想和所見的人在這世上四處遊蕩，擾亂他人。」[2]一旦看不清事實，不懂自己的意見只是個人意見，意見就會悄悄變成信念，我們也就無法再以開放的心胸，看待別人的角度與觀點。最後，就會捍衛自己堅定的立場，因為我們整個人就綁在這裡了。用專有術語來說，這叫我們和這些意見「同化」。我很確定，每個人都曾經歷過，對話變成辯證，辯證再變成極化對立。當事態發展成各有立場，對方就不再關心你的觀點是什麼，只想說服你他們的意見是對的，然後贏得辯證。說到底，堅持己見只會讓人畫地自限。

---

1 這段話出現在：Nyanaponika Thera, tr, *Alagaddupama Sutta* (MN 22), 2006, www. accesstoinsight.org/lib/authors/nyanaponika/wheel048.html#section-13。

2 Thanissaro Bhikkhu, tr, *Magandiya Sutta*, 1994, www. accesstoinsight.org/tipitaka/kn/snp/snp.4.09.than.html; fakebuddhaquotes.com/people-with-opinionsjust-go-around-bothering-each-other/

雖然釋迦摩尼佛也同意，有些意見很有益，但祂認為，到最後應該放下所有觀點和意見。祂用了一個比喻，來說明這件事。祂說，有用的觀點就像是能帶我們渡河、抵達彼岸的舟筏（此時，他的觀點就讓他登上開悟的彼岸），但一旦舟筏完成任務，就應該拋下，不應該再帶著走，向世人炫耀。[3]

意見和信念是很難處理的面向。有時候，人很難體認到自己抱持了某些信念，因為信念已經深入我們的世界觀。我認為，透過和他人辯論，是檢測你堅持己見程度的好方法。如果你們的討論，經常會轉向激烈的長篇大論，你也常覺得有必要說服對方你是對的、他們是錯的，那這就是很好的指標，指向你的意見可能強硬過頭了。那如果帶著先理解、再求被理解的企圖進行討論，那會怎樣？之後，我們就可以找到方法，架起橋梁溝通兩方意見的差異，而不是反其道而行，護住自己的觀點。

社會上有些人，會把「不隨意對大小事發表高見的人」評為淺薄、無趣、空洞，甚至認為他們的道德感很薄弱。然而，知道自己的意見是什麼並淡然待之，才能擁有自由度，敢於踏入模糊不明與矛盾之地，面對互相衝突、但可能並陳的真相。

很多師父都寫過「放下執念」的重要性。中國的禪宗三祖僧璨禪師在他的詩作〈信心銘〉裡寫道：「不用求真，唯須息見（按：意思是，不必去求真，但得息滅種種妄見）。」[4]我們也知道，偉大的趙州從諗禪師，經常引用這首詩的開頭，因為這幾句真正寫到了事物的核心：

至道無難，唯嫌揀擇。
但莫憎愛，洞然明白。
毫釐有差，天地懸隔。[5]

3 關於「筏喻」請見：Nyanaponika Thera, tr, *Alagaddupama Sutta* (MN 22), 2006, www.accesstoinsight.org/lib/authors/nyanaponika/wheel048. html#section-13。

4 fakebuddhaquotes.com/dont-keep-searching-forthe-truth-just-let-go-of-your-opinions/

5 請見《碧巖錄》第二則。意思是，要證悟至高無上的道不難，只要沒有虛妄分別之揀擇心。一旦拋棄愛憎，至道立即現前。但若有一絲一毫的認識不清，你與至道之間就天差地別。

執念引發的痛苦，總是大過放手

人從小就會對自己形成某種看法，不管是對是錯、合不合情理、是否帶有善意，很快就會在心裡變成定見。舉例來說，凱蒂有個表親很粗魯，在她七歲時說她的鼻子很大。到了十三歲，她很痛恨看到自己的側臉。二十二歲時，她存夠了錢就去整鼻子。她的鼻子實際上到底有多大，並不重要，大鼻子的想法已堅不可摧，她很願意動一場整形手術改變自己。

在佛教裡，想法固著成信念，稱為「痴」。這個世界並非恆常不變，萬事萬物都處於不斷流動的狀態。而企圖用各種方法鞏固或物化任何事物，必然會是虛妄的。佛教指出，根本的愚痴之一，就是認為自己是固定不變的，甚至會覺得自己實際上是不可變的。

潛意識的自我就算知道不可能，也樂於相信自己永遠都年輕健康。有一件事可以確定，人總會病、會老，且終有一死。就算發現自己冒出白髮，我們還是很難接受自己並非永恆存在、且不會改變的實體（甚至連臨終前，都還認為

「我」是恆常不變的）。

然而，一旦物化、具體化、執著或堅持什麼，到最後總會造成痛苦。例如，你最愛的牛仔褲已穿了很多年，總是那麼合身，而且舒服的不得了。因此，褲子開始磨損時，你很難接受現實。你繼續穿，認為磨壞之後打的補釘，只會讓褲子看起來更好。但事實上，這條褲子如今已經算不上有多酷，而且開始鬆掉、不好看了。執念引發的痛苦，總是大過放手。執著代表我們在自欺，並沒有看到世界本來的樣貌，只見自我幻想中的版本。

信念固著之後，現實和我們的預期或想望就不一樣了，人也因此變得不滿、失望或沮喪。自身惱人佛就是這樣讓我們受苦。解這種苦的藥方，是覺察。覺察讓凍結在心裡的念頭、概念與想法照到了光，我們會開始看到，自己用來因應這些的無用習慣、本能反應與行為。

隨著我們更有覺知，很重要的是，要把不批判且開放的態度，帶到這樣的覺察當中。一旦可以用開放、接納的覺察，來面對當下，就能用更貼近本質的角度看事物。

最後，我要用一項簡短的愛自己練習，來結束本章。

下定決心，練習愛自己

請舒服地坐下來，挺直身體。確認你的腳有對齊、平衡且放鬆。把你的視線輕柔地停在這些字眼上。放掉臉部與雙肩上的任何緊繃，放鬆你的肚子。

掃描你的身體，看看有沒有任何生理不適或痛感。有可能明顯到你馬上就注意到，也可能並不顯而易見。請花點時間去做。如果你注意到有多個地方都不舒服，試著找找看哪裡最不舒服。看看你能否把注意力放在這股感受的中央。要是太不舒服，那麼，請選擇強烈感居次的部位。

不適感和痛感並非舒服的感受，但請不要本能地退縮，改用好奇心去看待這些感受：感受是一個點，還是一大片？是持續的，還是一跳一跳的（可能是一抽一抽的痛）？很重，還是很輕？這種感受有沒有顏色？試著把不適感當成親近的朋友一樣好好共處，盡量用善意和耐性來檢視。用比喻來說，請你坐在疼痛旁，用雙臂環抱它。身體會疼痛沒有錯，疼痛是信使。那麼，你的疼痛要傳達什麼訊息？你不需要試著做什麼，傾聽就可以了。

現在，放開你對於不適感的關注，把雙手放在心口上（或是其他你覺得很能慰藉你的身體部位）。感受這份溫柔的觸摸，並注意這樣的手勢對你的身體有何影響。承認你並非總是盡量善待自己與他人。如果你原諒自己犯過的錯與缺失，那會怎樣？對自己說：「我原諒我自己。」現在就下定決心，努力不再重蹈覆轍。

請對自己說：「願我接受自己本來的樣子。願我能友善與親愛。願我能健康、快樂且平靜。」

第四部要講的重點，是我們如何看透「有分別」、「不變的自我」的假象，覺醒到相依互存、空無且合為一體的動態現實。一旦能這麼做，就可以開始把人生中的麻煩人物看成佛：他們是我們的惱人佛。

PART IV

人人皆佛

第14章

如何理解佛性？

在第一部中，我提到一個比喻：一座被雲海包圍的山脈，岩峰從裊裊雲霧中探出頭來。而這幅「許多互相分隔開來的山峰」的景象，代表了傳統的看法。從這個角度看事情，我們會看到不一樣的人，會去區分房子和樹木、湖泊和桌子，區別不同口味的巧克力和咖啡。這是二元對立、分別與有差異的世界。而許多人就算不是時時刻刻生活在這樣的世界中，多數時候也是。當然，分別很重要：有分別，才能判斷什麼健康、什麼有毒，並判別何謂適當。分別也讓我們把歡愉、疼痛和受苦，看成不同的東西。但這樣的觀點有其代價。分別觀描述的是一個彼此隔開的世界，人們會認為「我跟你不一樣」，這本能上就會導向自我中心的保護主義態度：我們會想「我要保護自己，因為大宇宙是一個充滿敵意的地方。」並以所謂的「零和遊戲」觀點來看世界。這是說，當你贏得或獲得什麼，比方說金錢或名氣，代表的就是有另一個人失去了什麼（這樣一來，總和才能維持為零）。然而，一旦相信世界是由彼此不同的事物組成，最終就會通往受苦與不幸。

幸好，還有另一種觀點。我們在山峰的比喻裡提過，當雲層散開，會看到一座座的山脈，其實是透過山谷相連在一起。各個山頭是同一座山脈的不同部分，同樣的，不管是你和我，還是房子、桌子和巧克力，也都彼此相連，只是同一個整體的不同部分或不一樣的體現。要能理解這種截然不同的觀點，請試著判定自己身體和環境的界線在哪裡？你會說，「當然是皮膚呀。」但，你皮膚排出來的熱氣呢？那是「你的」嗎？你的呼吸呢？判斷什麼「是你」、什麼「不是你」的分界點是什麼？這些還只是生理層面而已。如果講到想法和記憶的話，又怎麼說呢？當印表機壞掉了，你教同事如何重新設定機器，這個構想是「你的」嗎？到何時開始不算是你的？根本說不出來。這些問題帶我們走向合而為一、非二元對立且空無的世界。你的皮膚、呼吸和構想並非彼此獨立的事物，而是這一個宇宙的表現方式。從這個觀點來說，宇宙中滿布的不是各不相同的物品，而是動態的過程，彼此依存，一切事物皆在因緣和合下產生。這正是佛道之下，「空無」的真正意義。

佛陀在幾百年前，就已經醒悟到這種非二元對立、無常、互相依存的觀點（而「佛陀」一詞的意義便是「覺醒的人」）。祂認為，世間一切之所以存在，根本理由是宇宙萬物彼此相連、而且不斷變動。因此，佛教徒把這種根本、全宇宙共通、共有的變化特質，稱為佛性。每個人都有佛性，但可惜的是，很多人都不明白。也因此，佛性有了雙重意義：這是一種無分別的特質，同時也代表所有人都能像釋迦摩尼佛一樣，有看到、或覺醒到這個觀點的基本潛能。

嚴格來說，佛性實際上並不是我們擁有的東西，而是說我們就是佛性。佛性超越了各種概念，不只是這個那個、知道不知道、對或錯。佛性就是佛性（而且向來如此，未來也將如此）。沒錯，我們受到制約的行為、信念、依附和約束，會暫時蒙蔽了佛性。然而，佛性永遠都在，就像雲層後面永遠都有太陽。

究竟，看見別人的佛性是什麼意思？

在生活中我們認為很麻煩的人，其實也跟你一樣，都是這個宇宙的體現。

我們每一個人就像是一塊大寶石上的不同面向，切面不同，但都是同一塊寶石。從這個角度看人，代表你看到了**他們**真正的本性，或說佛性。禪學中很多公案，便意在幫助我們理解這種觀點，其中一件便是「張公吃酒李公醉」。[1]從傳統觀點來說，這句話毫無道理。張公喝酒，為何醉的是李公？萬一經常發生這種事，李公可能會認為張公是麻煩人物！但如果從非二元對立、無差別的觀點來看，李公和張公的差異，也不過就是你的左手和右手之差，或者是一座山峰和另一座山峰之差。張公喝了酒，不僅李公會醉，整個宇宙都醉了，因為張公和李公並非截然不同、完全獨立的事物，而是一體的兩面。同樣的，當你說了壞話或做壞事，不僅承受的人會遭殃，連你自己和整個宇宙也會受苦。因為我們彼此緊密相連、深深相依，不管再怎麼樣微小的行動，都會影響到其他一切。這就跟南美的蝴蝶拍動翅膀，結果在歐洲引發風暴的說法一樣。

1 這句話的原始出處很可能是《雲門匡真禪師廣錄》。而東嶺圓慈禪師也講過一句類似的話：「懷州牛吃禾，益州馬腹脹。」參見：Cleary, T, tr, *The Undying Lamp of Zen: The Testament of Zen Master Torei*, Shambhala, Berkeley, 2010。

之前也提過，當人遭遇任何挑釁行為時，本能會假設自己遭遇威脅，立場會硬起來，變得很防衛。至於能不能生存下來，取決於我們能不能精準識別。面對任何類型的威脅時，人就會自動陷入二元對立、有分別心的世界觀。就因為這樣，一旦情緒高漲的時候，很難保有非二元對立的觀點。但正因如此，我們才要練習。首先，要練習在輕鬆、不帶威脅的情境下，尋找（然後維持）一體的觀點。比方說，在家中的舒適環境下冥想。接下來，要一點一點學著，在挑戰性愈來愈強的環境下，保有這樣的立場。儘管在這些時候，我們受到脅迫的感覺會被啟動，本能上希望封閉或是縮起來。

佛性永遠都在。我們不會得到，也不會失去，那就是我們的一部分。佛性只會被一層又一層的渣滓（苦）蒙蔽或隱藏。渣滓比較多層的人，受的苦就比較深。而他們討人厭的行為，實際上指向其內在的痛。因此，我們不可避開這些人，或是因為他們激怒別人、或惹人厭，而對他們生氣，反而要用更大的慈悲相待。在面對他們時，善意、敏銳度、耐性和容忍只能多，不能少。我知道這並不容易。尤其對方看不到（或不接受）你的善意，並且批評你或者是反擊你時，更是如此。要一直覺察麻煩人物的佛性，並且用善意與慈悲來回應他們，需要大量的勇氣與力量。

還好，遮蔽與掩藏真實本性的渣滓，很有可能變成富含養分的沃土。傳統上，蓮花象徵佛性。蓮花生長於汙泥池，其中，汙泥便代表人所受的苦。如果條件對了，埋在泥濘中沉睡的蓮花種子，就會冒出頭來。種子可能需要很長一段時間才能找到路，鑽出黝黑的汙泥，朝向陽光。然而，當植物確實突破水面（代表了我們理解自己真實本性的那一刻），將會綻放出美麗的花朵。沒有淤泥就沒有花朵，但蓮花突出水面綻放在陽光下時，即便出淤泥，仍不染。和麻煩人物互動時，如果不把重點放在渣滓（這指的是讓你覺得煩惱或生氣的東西、惡意的話語，或自私的行為），改為檢視其中蘊含的潛力，讓蓮花成長並綻放，那會如何？就我的經驗而言，這會打開全新的視野，讓你從不同角度看每一個人，包括很難相處的人。

就算是對你施暴、或在你身上造成深深痛苦的人，也有佛性。你很可能覺得，他們跟你才不一樣，甚至希望他們離你愈遠愈好。但事實是，他們和你並無分別。希望他們與你有別，只會替你製造更多苦。我知道，當對方做出非常可怕的事情，就連去想「無分別」都很難。但不管你實際上和情緒上，要和他們保持多遠的距離，根本上，他們都是宇宙中的一部分，和你一樣。你無法把他們排除在現實之外。當然，明白這一點，並不代表他們所做的事情就是對的，也絲毫不能為其卸責、或減少他們對你造成的傷痛。但，當我們看到宇宙的不可分割性，就必須理解一切都包含在內：從最美好最可喜的，到最醜陋最痛苦的，都在其中。如果你可以看見施暴惡魔的佛性、與之互動，那會怎麼樣？他們的佛性很可能被堆積如山的痛苦、渴望、依附與信念埋藏了幾十年，但在這些之下，佛性仍在。

何謂「觀音三昧」？是何種境界？

如果能懂那些令人頭痛的人物所做的事，基本上是因為受了苦，是因為層層的渣滓掩蓋與遮蔽了他們的佛性，那麼，回應這些苦的最明智、最理性行動是什麼？回應這些苦的最善意行動又是什麼？

有一則禪宗公案，鼓勵我們直接檢視以下這個問題：「何謂觀音三昧？」第四章已經介紹過觀音。日本人稱的觀音，也就是觀世音菩薩，是慈悲的菩薩（菩薩意為「悟道者」或是化身），見證了世間的苦，常以慈懷救苦救難。而三昧的梵文samadhi，字面上的意義是「聚集」或「整合」。在佛教領域裡，這個詞通常用來指稱「專一的禪定」或是「專心致志」。

但禪修學校裡，從兩方面來使用三昧一詞。一種是透過靜心冥想，達到專一定心的境界。另一種是實際行動上的三昧。這段公案以後面的意義，使用三昧一詞：我們必須要用開悟的心智和慈悲，來做有必要的事。懷抱著三昧的心來做的事，與我們尋常去做的事不同。多數時候，無論有沒有意識到，人都是出於自私理由而行事。比方說，想要獲得認可或感謝，或者想要獲得回報。然而，一旦懷抱著三昧之心去做，就不會想著應該發生什麼、不應該發生什麼，也無關別人可能會怎麼想，更不是要求什麼獎賞。白隱慧鶴禪師大力支持這種三昧，他曾說：「在活動當中冥想，比在靜止當中冥想好一千倍。」[2]

然而這並不代表，懷抱著三昧所做的事，必能讓每一個人都快樂。行動本身不是重點，重要的是你的行事心態。話說回來，悟道後，基本上懷抱的企圖都是要救苦救難，絕對不會想到製造更多苦難。另一方面，就如船行進時，會製造出被擾動、波浪起伏的水紋。同理，自私的行動也會讓痛苦餘波蕩漾（有可能馬上就感受到，也有可能之後才有感覺）。正因如此，佛教世界裡會說：「開悟後所做的事，不會留下餘波。」當我們帶著救苦救難的企圖做事或說話，心裡只會留下平靜。話說回來，不會留下餘波，並不代表出於三昧所做的事，不會留下結果。事實上，在恰當的時間點，所講出的適當話語，或做出的合適行動，很有可能帶來極大的慰藉或深刻的洞見，大可改變人生的軌跡。

傳統闡述觀音三昧的範例，是半夜時，手摸到頭後面調整枕頭。[3]你會替病床上的病人這麼做，或者，當伴侶的枕頭快要掉下床時，你也會這麼做。他們睡著了，不會感謝你，甚至不知道你做了這些事。你自然而然、自動自發這麼做，你做的事是出於愛，並希望減輕對方的痛苦。

關於實際行動上的三昧，重點是我們沒辦法強迫去做。如果是強迫，就不再是入三昧了。僅當我們能好好在平靜當中求得三昧（也就是之前講過的專一定心）後，才會自動自發做出開悟後的行動。我們要透過冥想（在不受威脅、盡量減少讓人分心事物的環境下），培養出穩定覺察當下的能力。之後，透過這樣的覺察，我們可以去檢視自己，看看有哪些習慣與渴望（包括：為何希望自己做的事受到他人肯定或感謝），又有哪些認同感。一旦培養出堅定的意願，承認並接受我們在世間（包括在自己身上）遭遇的痛苦，就能滋養出深刻且不自私的祈求，以減緩痛苦，開始去做該做的事。

第四章提到了一則禪學寓言，講到兩名僧人遇見一位需要人幫忙渡河的少婦。老和尚把少婦背在肩上渡河，過了好一會兒之後，小和尚還在為此事生氣。因為他認為，同行的僧人打破了「不可近女色」的佛門戒律。事實上，這

2 Waddell, N, tr, *Wild Ivy: The Spiritual Autobiography of Zen Master Hakuin*, Shambhala, Berkeley, 2010

3 原範例出於《碧巖錄》第八十九則：雲巖問道吾「大悲菩薩，用許多手眼作什麼？」吾云：「如人夜半背手摸枕子。」

位少婦變成了他的惱人佛。

這是一個絕佳的範例，說明慈悲的行動，有時可以高於規範。老和尚在自身見解、與他堅定的覺知與慈悲導引之下，判定他可以暫時放下戒律，幫助少婦。相反的，要是小和尚在沒有堅定的自我認知與智慧之下那樣做，那麼，造成的傷害將遠大於益處（之所以訂下「不可近女色」的戒律，是為了讓僧人的想法正直坦蕩，沒有邪念）。而這個故事的寓意便是，在我們尚未深入且坦誠檢視自我之前，經常會在未經驗證的希望與渴望帶動之下，自然而然做出一些事（這些事有可能看起來是慈悲之舉）。但其實，要等到養成足夠的智慧、接納與清明的觀點之後，自動自發的行為才會是觀音的三昧。

第 15 章

找到你的梵剎

精神科醫師伊莉莎白・庫伯勒－羅斯（Elisabeth Kübler-Ross）說過：「美好的人並不是憑空出現。」[1]要做到正念，就要覺察到我們身邊與內心正在發生的事，同時把「這比較好」或是「這比較糟」的價值判斷放在一旁。

一天當中，我們都會在某些時候，進入正念狀態。但要更長時間保持正念，就需要努力和練習。畢竟，就算處在舒適且無威脅性的環境下，要能敞開心胸、清楚認知到自己的感覺已經很困難。如果要面對的，是你覺得很難接受其行為的人時，那又會如何？如同前文所提，當情況引發的情緒能量逐漸升高，我們的本能和習慣接手主導後，反而會愈來愈難如實覺察，也很難不受情緒左右，遑論完全不感到難過或不覺得難以承受。要時時維持情緒穩定、並據此行動，更是難上加難。正因如此，我才說，在和麻煩人物相處時要保有正念，是進階練習！

你讀了這本書，便證明了你想要改變和麻煩人物的相處模式，並從這些不容易的交流當中學習。知道你心中有這樣的期盼，我深為感動，感謝你想要成為更善良、更明智的人。就算偶爾會大發脾氣，說出後悔莫及的話，但如果有穩穩的企圖心，就能知道自己會往正確的方向走。

我們探討到，在一開始碰上麻煩人物時，人會很快就用上「你是錯的，我是對的」態度。但也看到，只要用一點點的覺察和坦誠來檢視情況，就會發現除了簡單的二分法之外，還有很多別的。正念讓我們知道，自己跟對方一樣，同樣也帶著過往經歷、信念與習慣，來看待事情。當然，這並不代表他們所做的事就是合理的。但我們可以知道，面對麻煩人物時，所引發的情緒（惱怒、生氣或痛苦），很可能是某種指標或信號，指向自己還有很多要學的。讓人心煩的交流，就像鏡子一樣：如果願意如實端詳，就會看到自己在哪些方面，陷入習慣性的直覺反應、有偏差的認知，或是根據既有的信念或定見行事。這樣一來，這些麻煩人物當下也就成為我們的菩薩。

前文也談過，在情緒高漲的時刻，何以與為何難以保持冷靜、難以避免氣到冒煙或破口大罵。第一，當大腦偵測到有威脅時，身體會切換到「生存模

1 Kübler-Ross, E, *Death: The Final Stage of Growth*, Scribner, New York, 1997

式」。不管是真有其事還是預期，無論是生理、社會還是心理（想像）層面，只要出現任何**認知上的**威脅，就會出現這樣的反應。身體會做好準備面對威脅，本能地啟動「戰或逃」反應（像是：心跳加速、肌肉緊繃、注意力範圍縮小），接手意識大腦的主控權。第二，惹人心煩的交流，可能導致一大堆混亂、互相衝突的情緒彼此糾纏不清，很難理出高漲的情緒是什麼、低落的情緒又是什麼。然而，我們能靠自己與他人協助，以關注與覺察技巧明智因應，變得更善於調節自己。但很重要的是要記住，情緒很亢奮時，要調節自我需要耗費更多的心智資源。正因為這樣，才需要放自己一馬，尤其是當我們還忙著其他事，或是生活中還要面對更多的要求時。

說到底，要更有智慧地和麻煩人物交流，真正的關鍵是，如何更有智慧地和自己交流。但首先，一旦你開始留心，便會發覺，在面對麻煩人物時，他們幾乎都有預設的行為模式。有些人想要或需要什麼，有些人則是常會生氣，或是竭盡全力避免衝突，也有人會根據他們認為是真的、但實際上是認知錯誤或理解錯誤的想法，來行事。有一點會讓這些難搞人物更麻煩，那就是他們常會激發、或是喚起我們心裡尚未完全接受或放手的事。因此，我們的任務，是要從每一次讓人煩心的互動，看清自己的反應是否出於恐懼或誤解，還是固執地堅持某些預設立場或定見，或想辦法避開事實。一旦理解這些，就能學著用慈悲和輕鬆的心情，更充分接納自己。而理解與接納自己，對於我們如何同理與因應麻煩之人，絕對大有影響。

在禪學裡，看見與接受自己的苦，放下悔恨，並下定決心在未來要更慈悲、更有智慧，在日文稱為「懺悔」。在懺悔的過程中，我們不會否定過去的想法、感受和行動，而是理解自己過去所做的一切，無論是善意或惡意、無知或明智，帶領我們來到此時此刻。也就在這個時候，你決定放下悔恨，包括所有的嫌隙與牢騷、羞愧與失望，決心未來要更明智且更親愛。而願意面對自己過去的行為、並負起責任，是修練中很重要的一步。

當下，就是悟

下一段我們要探討的公案，大致上講的也是這個方向。這個故事是這樣的：某僧對趙州從諗禪師說：「弟子迷惘，請師父指示我。」趙州問：「吃粥了沒有？」僧答：「吃了。」趙州說：「洗鉢去。」僧悟。

會問出這個問題的僧人，很可能不是剛入門的人。在禪宗，有一個歷史悠久的修行方法，那就是僧人會到處雲遊，尋找名師（比方說趙州從諗禪師）求教其門下。當然，每一位禪師都有獨特的教學方法，大家也很清楚，一個新的觀點有時候可以讓人頓悟。故事中，這位求教的僧侶很可能已經修行多年，但在兩人見面之初，他仍然不甚理解禪的本質。可能會有人猜想，這段對話發生在早餐之後（粥，是禪寺裡常見的早餐，就是一碗熱騰騰的稀飯，有時候會加一些豆類。食用時通常會加一點研磨後的芝麻調味，搭配醃漬蘿蔔）。當僧人向趙州從諗禪師求教，禪師用他所知最直接的方法教他，要他去洗鉢。

我們可以從字面上與比喻上的意義來看。字面上，禪師的答案簡單又務實。無門慧開禪師在評論這段公案時認為，道理非常明顯，他還把這位僧人比喻成提著燈籠找火的傻子！趙州從諗禪師叫僧人去做該做的事。如果吃完早餐後的缽是髒的，那就去洗。只要你可以全神貫注、安住當下，好好把碗洗好，那麼「洗碗」與「你」，這兩者的意義終將融合在一起，你和洗碗這個動作變成一體。當你這麼做，你和整個宇宙之間便再無分別。趙州從諗禪師便是在鼓勵僧人發現這樣的事實。

從象徵面來看，缽裡黏了米粒（如果像我一樣，吃完缽裡還留有很多米粒，代表你使用筷子的能力還大有改進空間），象徵我們心裡還有些東西是卡住的，比方說堅持的定見，以及還放不下的東西。那麼，洗缽就意味著懺悔，意味著要認真檢視人生，看看自己還堅持什麼、抗拒什麼。去洗缽，就是放下，同時調整自己的生活方式，以更契合本性。

但懺悔這件事，不是做一次就結束了。當我們在探索性靈的旅程中前行時，要持續不斷懺悔，從而愈清楚看到過去行為的影響，並學著更徹底放下。然後，一點一滴地調整自己的生活，活出真實的自己。我的禪修師父有一次說，首先，你必須學著，放下人生多年來拾起的所有東西。例如：憎恨、意見、習慣、責難，以及希望事情照「你想要的方式」進行等等。接下來，要學著一開始就不要拿起這些東西。而這則「吃粥洗缽」的公案，真正要修禪者參的，是好好過人生不要後悔，並盡可能抱持著覺察與善意。

隨處是淨土，隨處是梵剎

如同前述，當你不陷入悔恨、並帶著覺察與善意生活，就會愈貼近真實的自我。你慢慢會發現，無論實際上身在何方，這個世界處處都讓你覺得是家。不管你是在聽叔叔抱怨經濟不好，是發現同事偷用你的咖啡杯，還是黃昏時靜靜地坐在海灘上，都能感受到一股深刻的滿足。這也領我們來看最後一則公案：有一天，佛陀和弟子一起散步，祂用手指指著地面說：「這裡適合建一座梵剎（按：本指清淨的佛土，後泛指佛寺）。」就在此時，帝釋因陀羅將一莖草插在地上，說道：「梵剎已經建好了。」世尊微笑。[2]

這段公案鼓勵大家理解，自己的梵剎實際上就在當處此地，就在當下此時。在這座梵剎，我們知道，無論發生什麼事，不管是多惡意或讓人生氣的人，或究竟覺得多麼痛苦或不自在，都沒有關係。對方一開始是我們希望他不存在的麻煩人物，此時對我們而言，卻成為當下的佛。而那些惱人佛最終更教會我們，無論身在世上的何方，不管發現自己處於何種境地，都能夠找到讓自己心滿意足的梵剎。而在人生旅程中不斷前進時，這座梵剎也會持續地重建，並且益發完善。

話說回來，你不必覺得自己是孤軍奮戰。環顧四周，就會明白親愛的人實際上已經為我們造好梵剎。你的父母可能替你立起了一根支柱，伴侶或密友說不定替你立了另一根，你的人脈、或者是修行同好，很可能構成了屋頂。畢竟，我們已經知道，德不孤，必有鄰。有可敬的朋友、可敬的伴侶和可敬的同

2 《從容庵錄》卷一第四則〈世尊指地〉。

志，就是完整的修行人生了。

我祈願各位都能遇到很多極好的惱人佛。

結語

觀照自心，活出平常的十三個禪練習

雖然之前講的內容的背景環境都不同，主角也各異，但可以發現，他們在面對自己的惱人佛時，背後都有共通的行事之道。我從書中摘錄了一些，列於下文。當然，你可能找到不同的見解，或是從不同角度來看。

理解「認知」與「現實」是兩回事

我們永遠都不會知道，整個情況有多錯綜複雜，包括其他人是怎麼想、有何感覺。很重要的是，要知道自己的認知，以及基於認知所做成的判斷和意見，向來都有偏誤且不完整。

我可能是錯的

從第一條衍生出來的是，我們的想法並不見得能反映現實。不要相信你所有的想法一定是對的！要接受你有時候也會犯錯。凡事都想從理智面釐清真相，不一定永遠有用。

點亮心燈

這代表要檢視你的想法、感覺、情緒、意見和習慣，並開誠布公地探問自己的困難、挫折或憤怒從何而來。這表示，要好奇，不要苛刻。

把注意力集中在身體感官上

覺察身體感官，在許多方面都會很有幫助。

- 首先，任何感官經驗，只存在當下。因此，若能注意到身體有什麼感覺（也就是把覺察帶入身體），可以解開糾結，不再照著「誰做了什麼」、「接下來會怎樣」等複雜的人生故事線演出。而光是「去注意」，就能打斷自己的慣性反應，並騰出空間，如實面對現況。
- 雖然有時候，身體的感官經驗很讓人不自在或痛苦，但比想法、記憶和構想好處理多了。因此，如果能注意到感官經驗的強弱，便更容易接受當下發生了什麼事。此外，每一種情緒都是生理某個部位的縮影，如果可以凝神傾聽身體的訊息，就會更容易發現情緒出自何處。而當你把注意力放在身體的不適或疼痛上，感官就會出現變化，也會改變對應的情緒。

- 有時候，感官是指出我們正在抗拒、或是正在排斥某個人的明顯信號。比方說肌肉緊繃或僵硬，或是腹部不舒服。
- 有時候，對麻煩人物生出的怒氣，是一道窗口或通道，讓人看到源自於過去、被深深壓抑的憤怒等情緒。而容許這些感受存在，去體會並表達出來，能讓人了解並感受到更深層的情緒，從而慢慢鬆解它的威力與影響。

成り切る

這個日文詞彙意指「徹底成為」。當我們感覺或意會到什麼，不要像監視器一樣回頭檢視，也別監看或批判自己的表現。相反的，請試著全身心地經驗當下的一切——真真切切地去做、去感受。

覺察真正的情緒，做出更明智的決定

一旦能真切、如實且開放地接納所有層次的情緒，它便能指引我們行動。例如，在沖天怒氣的背後，或許會發現過去未曾察覺、悄然存在的慈悲種子。而注意到這顆種子，很可能會大幅影響我們如何應對麻煩人物。

放下

「放下」是修習正念和禪學時的關鍵之一。除了前文提過的之外，我們還可以：

- 放下怪罪。就像榮格說的：「抽回你投射在別人身上的自我陰影。」為自己的感受負起責任。
- 放下欲念，不再希望對方變成自己想要的模樣。要是一心只希望對方能變得不一樣，這只是活在虛妄的世界裡。當然，放下「想要」的念頭，或許也意味著要悲悼自己的失落，因為你永遠也看不到對方成為你想要的樣子。

其實，平靜和穩定感一直都在

就算海面波濤洶湧，你不用潛得太深，也會來到一個比較風平浪靜的地方。人生亦如是。即使生活讓人覺得混亂、困惑且動盪，但平靜、清幽和穩定感其實一直潛藏在下，試著挖掘出來吧。而固定練習冥想，會有幫助。

別輕易放棄關係

人很容易在最初的一陣感受或判斷後，就對其他人驟下論斷。然而，隨著時間過去，你可能會看到新的面向與觀點，進而改變你的想法、或讓相處問題不再那麼棘手。但要記住，緊緊堅守著關係，不見得都是合適之舉。重點是要保持一顆雪亮的心，來做選擇。

念念慈悲

慈悲，代表要願意看見與接納世間的苦，包括別人與自己身上的苦。若能念念慈悲、敞開心胸、保持善意，將會讓棘手的人際關係脫胎換骨。

看到他人的佛性

關鍵在於，要穿透影響麻煩人物行為的層層苦痛、與各種心理保護機制，找到所有人都具備的共同特質：要認知到他們與你並無分別。有人也說，這叫看到對方內在的光或真實本性。

善待自己，在需要時開口求助

面對種種令人措手不及的人生衝擊，沒有人能具備所有的本領與氣力，一肩扛起。因此，有需要時，一定得向外求助，或許是找朋友，也可能是找專業人士（比方說心理治療師）。

別「神化」對方

把別人當偶像崇拜、或對他們有不合實際的期許，會讓關係中的兩方都受挫。一旦這麼做，我們必然會失望，終至受苦。

正如前文看到的，面對各種人生難題——從有一點點壓力的情況到極度慘劇，都可以運用這些行事之道。但是，別把它們當成公式死記硬背、然後套用。這麼做，會讓你從理智面看事情，但我們知道，只有理性的腦袋，不見得行得通！因此，好好讀一讀這些建議，不只用有意識的心智去理解，更滲入你整個人、全身心吸收著。這樣一來，就是在向潛意識傳遞訊息。之後，等到時機適當，我們便能採取不同以往的方式，更有智慧、更慈悲地來面對麻煩人物。誠如我的禪學師父告訴我的，「理解，然後從肩上拂掉，接著去做別的事。」

致謝

首先，我要對於曾經讓我煩心、激怒我或踩到我地雷的人深深一鞠躬，各位都是我的老師。

我也要感謝我的禪修老師大山．史金納師父，他在英國倫敦經營禪道僧伽，我參與其中已經超過十年。我要感謝我的妻子喬哈娜．巴克萊（Johanna Barclay），感謝她的支持與耐心，也感謝她針對本書的主題，與我有過多次啟發性的對話。感謝我的作家朋友莉維．麥克爾（Livi Michael），謝謝她對本書幾個早期版本提供的意見。

我要感謝Watkins出版社的出色團隊，是他們讓這本書成真。特別感謝我的責任編輯費昂娜．羅伯森（Fiona Robertson），感謝她打從一開始的信任。

最後，我要感謝禪道僧伽的諸位成員，他們為了本書接受我的訪談，並提供我案例與靈感，包括：寶月・巴恩達爾（Hogetsu Bärndal）、蘇菲・巴拉克拉芙（Sophie Barraclough）、皮特・志溫・伽利（Pete Jion Cherry）、強森・克里斯多福（Jason Christopher）、潘妮・青山・克雷（Penny Seizan Clay）、尚恩・臨龍・柯林斯（Sean Rinryu Collins）、麥克欣・克雷格（Maxine Craig）、莉西・大紀・大衛森（Lizzie Daiki Davison）、艾德・伊凡斯（Ed Evans）、莎拉・大昌・霍特（Sarah Daisho Holt）、麥特・新開・肯恩（Matt Shinkai Kane）、米亞・李文史東（Mia Livingstone）、艾波・源生・曼尼諾（April Gensei Mannino）、瑪莉・哈特利・代官・普拉特（Mary Hartley Daikan Platt）、帕洛・木樨・羅佩茲・柏列古素羅（Pablo Mokusei Lopez Pleguezuelo）、艾拉・奧梅利勤科（Alla Omelchenko）、克利斯・歐文（Chris Owen）和山崎典子（Noriko Yamasaki）。本書證明了各位的修行有多深。

平常心是道

作　　者　馬克・維斯莫奎特（Mark Westmoquette）
譯　　者　吳書榆
主　　編　呂佳昀

總 編 輯　李映慧
執 行 長　陳旭華（steve@bookrep.com.tw）

出　　版　大牌出版 / 遠足文化事業股份有限公司
發　　行　遠足文化事業股份有限公司（讀書共和國出版集團）
地　　址　23141 新北市新店區民權路 108-2 號 9 樓
電　　話　+886-2-2218-1417
郵撥帳號　19504465 遠足文化事業股份有限公司

封面設計　Dinner Illustration
排　　版　新鑫電腦排版工作室
印　　製　博創印藝文化事業有限公司
法律顧問　華洋法律事務所　蘇文生律師

定　　價　420 元
初　　版　2024 年 4 月

電子書 E-ISBN
9786267378649（EPUB）
9786267378656（PDF）

國家圖書館出版品預行編目資料

平常心是道 / 馬克・維斯莫奎特（Mark Westmoquette）著 ; 吳書榆 譯 . -- 初版 . -- 新北市 : 大牌出版 , 遠足文化發行 , 2024.04
320 面 ; 14.8×21 公分
譯自：Zen and the art of dealing with difficult people: how to learn from your troublesome buddhas.
ISBN 978-626-7378-66-3 (平裝)
1. CST: 修身

192.1　　113002270